Das Gewebe des Schicksals

Das Gewebe des Schicksals

wie es geschaffen und wie es aufgelöst wird

Ferner:

Die okkulten Wirkungen unserer Gemütsregungen

Gebet - eine magische Anrufung

Praktische Methoden zur Erlangung des Erfolges

VON MAX HEINDEL

Eine Folge von Lektionen über die verborgene Seite des Lebens, welche die okkulten Kräfte zeigt, die unser Schicksal gestalten.

Impressum:
Das Gewebe des Schicksals
von Max Heindel

ISBN-Nr. 3-930664-03-8

Herausgeber: Elfriede Lang, Druckerei und Verlag
Herstellung: Druckerei Lang GmbH
Copyright ©: Druckerei und Verlag Elfriede Lang
Anschrift: 83059 Kolbermoor / Obb., Albert-Schalper-Str. 4

Alle Bücher oder Broschüren mit dem Zeichen sind unverfälschte Texte der mystischen Geheim-Lehren aus vergangenen Zeiten.

Die Manuskripte wurden sorgfältig zusammengetragen und neu aufgelegt.

Inhaltsverzeichnis

Vorwort

Die in diesem Buch abgedruckte Serie von 17 Lektionen hat der Verfasser während seines letzten im physischen Körper verbrachten Lebensjahres (1918) an seine Studenten hinausgesandt. Übrige Lektionen wurden in anderen Büchern unter verschiedenen Titeln abgedruckt.

Diese Bücher enthalten die unschätzbaren letzten Forschungsergebnisse dieses großen Mystikers und übermitteln eine Botschaft christlicher Liebe und göttlicher Weisheit, die nur der geben kann, der in die tieferen Mysterien eingeweiht ist.

Wir hoffen, daß diese Lektionen für viele ein Weg sein werden, auf dem sie zu Gott zurückgeführt werden und wodurch ihre Ehrfurcht und ihre Liebe zu Christus gestärkt wird.

Das Gewebe des Schicksals

1. Kapitel
Geistige Forschung - Der Seelenkörper

Obgleich über dieses Thema in dem Buch „Die Weltanschauung der Rosenkreuzer" und in der darauffolgenden Literatur schon Bedeutendes gesagt wurde, kommen immer noch Briefe von Studenten, die mehr Aufschluß über Besessenheit, Mediumschaft, Irrsinn, abnorme Zustände des Charakters usw. erbitten. Dies hat den Verfasser veranlaßt, diesen Gegenstand noch tiefer zu erforschen als bisher. Der Grundsatz „Übung macht den Meister" trifft in der Erforschung geistiger Dinge ebenso zu wie im Physischen. Wir hoffen daher, daß das Licht, das in den folgenden Seiten enthalten ist, dem Schüler helfen möge, die Ursachen klarer zu erkennen, die die Wirkungen in diesem Leben hervorrufen.

Um alles gründlich zu verstehen, ist es notwendig, daß wir mit dem Anfang beginnen und uns vergegenwärtigen, daß die erste fundamentale Tatsache der Existenz die Fortsetzung des Lebens ist, und daß die Handlung den Ausdruck des sich offenbarenden Lebens darstellt. Als der Geist seine erste Handlung vornahm, hatte er damit eine Ursache geschaffen, die ihre Wirkung haben muß. Dies ist eine absolute Notwendigkeit, damit das Gleichgewicht im Universum erhalten bleibt. War die Handlung physisch, d. h. von einem Geist in einem physischen Körper vollzogen, so muß selbstverständlich auch die Reaktion physisch sein. Wenn dem so ist, dann ist es eine weitere natürliche Folge, daß wir von Zeit zu Zeit in diese Welt geboren werden müssen, denn es ist eine Tatsache, die von jedermann beobachtet werden kann, daß wir Tag für Tag Ursachen in dieser Welt hervorrufen, die nicht immer ihre ausgleichenden Wirkungen hervorbringen können. Wenn wir jedoch nicht ernten können, was wir in diesem Körper gesät haben, dann müssen wir unbedingt in einem neuen Körper zurückkehren, um zu ernten, denn sonst würde das Gesetz hinfällig. Wenn also das Gesetz von Ursache und Wirkung wahr ist, dann ist eine periodische Wiederverkörperung eine absolut logische Notwendigkeit. Deshalb, ob wir es zugeben, ob wir es wollen oder nicht, befinden wir uns in einem Kreis der Notwendigkeit, und wegen unserer eigenen vergangenen Handlungen sind wir verpflichtet, solange zum Handeln und Ausgleichen hierher zu kommen, bis wir eine Kraft entwickelt haben, die größer ist als diejenige, die uns jetzt herumwirbelt. Was dies für eine Kraft ist, sagt der große Mystiker Goethe so schön mit den wenigen Worten: „Von der Gewalt, die alle Wesen bindet, befreit der Mensch sich, der sich überwindet."

Da Wissen Macht ist, ist es logisch, daß wir, je gründlicher wir die Wirkung der Zwillingsgesetze von Ursache und Wirkung und Wiederverkörperung verstehen, desto leichter den Weg zu Erlösung und Freiheit finden werden, und dann ebenfalls weit besser imstande sind, anderen zu helfen.

Man muß die Wissenschaft für ihren Erfindungsgeist, ihre Geduld und Ausdauer loben, die sie bei der Herstellung von Instrumenten an den Tag legt, womit sie die Geheimnisse der Natur erforschen kann. Aber während sie auf diese Weise erfolgreich mit der Materie arbeitet, bleiben ihr die Geheimnisse des Geistes und des Lebens ein verschlossenes Buch, wie Mephisto mit feinem Sarkasmus zu dem Schüler sagt, der an Fausts Tür pocht und Zugang zum Kolleg sucht:

„Wer will was Lebendiges erkennen und beschreiben,
Sucht erst den Geist herauszutreiben,
Dann hat er die Teile in seiner Hand,
Fehlt leider! nur das geistige Band."

Es gibt nur ein einziges Werkzeug, das hinreichend ist, um die Dinge des Geistes zu erforschen, und das ist der Geist selbst. Geradeso wie es notwendig ist, jemand für wissenschaftliche Forschung in der physischen Welt zu trainieren, so erfordert es auch einen langen und langwierigen Prozeß, um sich für Forschungen in der geistigen Welt fähig zu machen. Genauso wie der Wissenschaftler den Preis für seine Kenntnisse mit monate- und jahrelanger ununterbrochener und ausdauernder Arbeit bezahlen muß, so muß auch der mystische Forscher Jahre seines Lebens opfern, um fähig zu sein, mit Methoden des Geistes zu forschen.

Wie wir wissen, war der jetzige physische Körper der erste Träger, den sich der Mensch als eine Gedankenform aneignete; er hat eine ungeheure Periode der Evolution und Organisation durchgemacht, bis er zu dem prächtigen Werkzeug wurde, das uns nun hier so gut dient. Aber er ist fest, starr und schwer zu handhaben. Der nächste Körper, den der Mensch sich aneignete, war der Lebensleib, der ebenfalls eine lange Periode der Entwicklung hinter sich hat und sich jetzt zu der Dichtigkeit des Äthers verdichtet hat. Der dritte Träger, der Begierdenleib, hat eine kürzere Entwicklungszeit und befindet sich noch in dauernder Bewegung. Schließlich kam noch der Intellekt hinzu, welcher zur Zeit nur wie eine Wolke, ohne Form, erscheint und den Namen eines Trägers noch nicht verdient, denn bis jetzt ist er nur das Bindeglied zwischen den drei Trägern des Menschen und dem Geist. Diese drei Träger, der physische, der Lebens- und der Begierdenleib, zusammen mit dem

Bindeglied des Intellekts, sind die Werkzeuge des Geistes in seiner Evolution und entgegen dem allgemeinen Begriff hängt die Fähigkeit des Geistes, die höheren Regionen zu erforschen, nicht so sehr von dem feinsten, sondern vielmehr von dem dichtesten Träger ab. Der Beweis dieser Aussage liegt auf der Hand und in der Tat kann jeder, der es nur ernstlich versucht, sich davon selbst überzeugen. Wenn nicht, so mag er fortan einfach den Anweisungen folgen und seine Gedanken ändern. Hier ein Beispiel: Eine Person hat sich gewisse Gedanken zur Gewohnheit gemacht, die ihr nicht gefallen. Vielleicht findet sie sogar nach einem religiösen Erlebnis, daß sie dieser Gedankengang trotz all ihrer guten Wünsche nicht verlassen will. Aber wenn sie sich entschließt, ihr Denken zu reinigen, so daß es nichts als reine und gute Gedanken enthält, so kann sie das tun, indem sie einfach allen unreinen Gedanken den Zugang verweigert.

Nach ein oder zwei Wochen wird sie finden, daß ihr Denken bedeutend reiner geworden ist als zu Beginn ihrer Bemühungen, daß es nun vorzugsweise religiöse Gedanken enthält, die sie versucht hatte, zu erzeugen. Selbst ein ganz abnormes, degeneriertes Denken kann auf diese Weise in einigen Monaten gründlich gereinigt werden. Dies ist tatsächlich vielen bewußt, die es versucht haben und jedermann, der dies wünscht und ihm genügend Nachdruck verleiht, kann dieselbe Erfahrung machen und in kurzer Zeit ein reines Denken entwickeln.

Während uns jedoch reine Gedanken auf dem Pfade der Entwicklung einen guten Schritt vorwärts bringen, sind die Regungen und Begierden des Empfindungsleibes nicht so leicht zu überwinden, denn dieser Träger ist bereits bedeutend mehr gefestigt als der Intellekt. Während der regenerierte Intellekt die Idee, daß wir unsere Feinde lieben sollen, willig zugibt, strebt der Begierdenleib, die Gemüts- und Leidenschaftsnatur, mit jeder Faser ihres Seins danach, sich zu rächen nach dem Wort Auge um Auge, Zahn um Zahn. Manchmal, sogar noch nach Jahren, wenn wir denken, die schlummernde Schlange sei längst überwunden und wir hätten endlich die Meisterschaft über sie erreicht, so daß sie fernerhin unseren Frieden nicht mehr stören wird, kann es passieren, daß sie sich plötzlich erhebt, all unsere Hoffnungen über den Haufen wirft, die Zügel zwischen die Zähne nimmt, tobt und Rache für irgendein wahres oder eingebildetes Unrecht schwört. Dann erfordert es die ganze Kraft unserer höheren Natur, um diesen rebellischen Teil unseres Wesens zu überwinden. Dieses, glaubt der Verfasser, ist der Dorn im Fleisch, von dem Paulus spricht, als er dreimal den Herrn bat, ihn zu heilen, aber die Antwort erhielt: „Meine Gnade soll dir genügen." Tatsächlich bedarf es aller Gnade, um zu überwinden und dauernde Wachsamkeit ist der Preis für unsere Sicherheit - deshalb laßt uns wachen und beten.

Es ist der Begierdenleib, der für alle unsere Handlungen, ob gut, böse oder gleichgültig, verantwortlich ist, und deshalb haben die östlichen Philosophen ihren Schülern die Anweisung gegeben, die Begierden abzutöten und von allen Handlungen, gut oder böse, soviel wie möglich abzusehen, damit sie sich dadurch von dem Rade der Geburt und des Todes befreien mögen. Aber das Temperament kann, wenn es von uns beherrscht wird, tatsächlich in unserem Dienst stehen. Nicht einen Augenblick würden wir daran denken, die Schneide aus einem Messer zu entfernen; dann wären wir ja nicht imstande, etwas damit zu schneiden. Das Temperament des Begierdenleibes muß beherrscht, es darf aber auf keinen Fall ausgemerzt werden, denn in diesem Begierdenleib ist die dynamische Kraft unseres Wirkens in der unsichtbaren Welt aufgespeichert. Er muß sich aber in einem guten Zustand befinden, sonst könnten wir uns nicht mehr beherrschen und sind wie ein Ozeandampfer, dessen Maschinen nicht in Ordnung sind und der von den Wellen hin- und hergeworfen wird. Es gibt Gesellschaften, die negative Methoden der Entwicklung lehren, und eine ihrer ersten Anweisungen für den Schüler ist, das Kinn hängen zu lassen und sich selbst vollständig negativ zu machen. Jemand, der sich auf diese Weise von der physischen in die geistige Welt begibt, befindet sich wie Treibholz auf dem Ozean, von den Wellen hin- und hergeworfen, ein Opfer jeder Strömung. Und es gibt in den inneren Welten, genau wie hier, Wesen, die alles andere als wohlwollend sind. Sie sind stets bereit, irgend jemand zu übervorteilen, der sich in jene Welten wagt und nicht genügend vorbereitet ist, sich gegen sie zu schützen. Somit sehen wir die ungeheure Wichtigkeit, erst zu lernen, unsere Begierden und Empfindungen dem Geiste unterzuordnen, und zwar bereits hier in dieser Welt, damit der Begierdenkörper trainiert ist, ehe wir einen Versuch machen, die inneren Welten zu betreten. Hier wird er in großem Maße durch die Tatsache in Schach gehalten, daß er von dem dichten Körper durchdrungen ist, und daß er daher nicht hin- und herschwanken kann, wie er es tun würde, wenn er von dem physischen Gefängnis befreit wäre.

Dennoch, so schwer es auch ist, den Begierdenleib zu unterjochen, so würde dies noch nicht genügen, um einen Menschen in den inneren Welten bewußt zu machen, denn der Begierdenleib ist noch nicht in dem Maße entwickelt, daß er als ein wahres Werkzeug des Bewußtseins dienen kann. Bei der Mehrzahl der Menschen ist er noch unförmig und wolkenartig und besteht gegenwärtig nur aus einigen Wirbeln als Sinneszentren oder Zentren des Bewußtseins.

Diese sind jedoch auch noch nicht genügend entfaltet, als daß sie ohne andere Hilfe dem Zweck dienen könnten. Darum ist es notwendig, an dem Lebensleib erzieherisch zu arbeiten und diesen derart zu entwickeln, daß er zu Seelenflügen benutzt werden kann. Dieser Träger besteht, wie wir wissen, aus den vier Äthern. Vermöge dieses Trägers sind wir imstande, unseren dichten Körper, den festesten aller Träger, von dem wir gewöhnlich denken, er sei der ganze Mensch, zu handhaben. Der chemische und der Lebensäther bilden die Matrize für unseren physischen Körper. Jedes Molekül dieses festen Körpers ist in einem Maschenwerk von Äther eingebettet, der es mit Leben durchdringt. Mittels dieser Äther gehen die körperlichen Funktionen wie Atmen usw. vor sich, und die Dichtigkeit und Festigkeit dieser ätherischen Matrizen bestimmt den Gesundheitszustand. Jener Teil des Lebensleibes, welcher aus den zwei höheren, dem Licht- und dem rückstrahlenden Äther gebildet wird, ist das, was wir unseren Seelenkörper nennen, d. h. er ist inniger mit dem Begierdenkörper und dem Intellekt verbunden und auch dem geistigen Kontakt mehr zugänglich als die beiden niederen Äther. Er ist der Träger des Intellekts und für alles verantwortlich, was den Menschen erst zum Menschen macht. Unsere Beobachtungen, unser Streben, unser Charakter usw. sind dem Wirken des Geistes in diesen beiden höheren Äthern zuzuschreiben, die entsprechend der Natur unseres Charakters und unserer Gewohnheiten immer leuchtender werden. Genauso wie der dichte Körper Nahrungsstoffe aufnimmt und dadurch an Gewicht zunimmt, so assimilieren die beiden höheren Äther unsere guten Taten während des Lebens und nehmen an Umfang zu. Je nach unseren Werken im gegenwärtigen Leben vermehren oder verringern wir das, was wir bei der Geburt mitbrachten. Wenn wir mit einem guten Charakter geboren wurden, der sich in diesen beiden höheren Äthern auswirkt, wird es für uns nicht leicht sein, dies zu ändern, denn der Lebensleib ist durch die Myriaden von Jahren, während welchen er entwickelt wurde, mehr und mehr gefestigt worden. Wenn wir andererseits träge und gleichgültig waren und unseren üblen Gewohnheiten frönten, d. h. wenn wir in den vergangenen Leben einen schlechten Charakter gebildet haben, dann ist es ebenso schwer, dies zu überwinden, wegen der gefestigten Natur des Lebensleibes, und es wird viele Jahre stetigen Bemühens bedürfen, um seine Struktur zu ändern. Das ist der Grund, weshalb die westlichen Weisheitslehren sagen: Alle mystische Entwicklung beginnt mit dem Lebensleib.

2. Kapitel
Der Christus in uns - Das Gedächtnis der Natur

Es gibt viele Menschen, die ihre Geistigkeit mit großem Gefühlsaufwand verbinden, doch ist, wie wir im vorigen Kapitel gesehen haben, hierfür in Wirklichkeit gar kein Grund vorhanden. Im Gegenteil, diese Art von Geistigkeit, die durch die Gefühlsäußerungen des Empfindungskörpers entwickelt wurde, ist unzuverlässig bis zum äußersten. Es ist jene Art, die in Massen-Erweckungsversammlungen erzeugt wird, wo die Gefühle bis zum höchsten Grad aufgepeitscht und die Menschen dann in diesem Aufruhr zu einem religiösen Eifer veranlaßt werden, der sie jedoch, sobald sie wieder allein sind, wieder verläßt. Dann stehen sie wieder auf demselben Punkt wie zuvor, zum Ärger der Erweckungsprediger und jener Personen, die in diesem Evangelisationswerk tätig sind. Doch, was können sie anderes erwarten? Sie beginnen das Seelenretten mit Trommeln und Pfeifen, mit rhythmischen Gesängen, sie predigen mit erhobener, dann wieder mit gesenkter Stimme in harmonischen rhythmischen Wellen. Das sind alles Dinge, die einen machtvollen Effekt auf den Empfindungskörper ausüben, geradeso wie Stürme das Meer aufpeitschen und nachher wieder Ruhe eintritt. Der Lebensleib dagegen ist weit mehr gefestigt und nur wenn dieser Träger von der Bekehrung berührt wird, bleibt der Betreffende dabei. Jene, die die wahre Geistigkeit errungen haben, fühlen sich nicht an einem Tage gerettet und im siebenten Himmel der Ekstase, während sie am nächsten Tag wieder im Sumpf versinken und sich als elende Sünder fühlen, denen nie vergeben werden kann. Ihre Religion ist nicht auf ihrer Gefühlsnatur aufgebaut, die diese Dinge fühlt, sondern sie ist tief im Lebensleib verwurzelt, dem Träger der Vernunft, der gefestigt und beständig auf dem Pfad bleibt, den er einmal erwählt hat. Geradeso wie neue Formen durch den zweiten Äther des Lebensleibes erzeugt werden, ist das höhere Selbst, der Christus in uns, durch denselben Träger der Zeugung, den Lebensleib, in seinen höheren Aspekten erstanden, welche in den beiden höheren Äthern verkörpert sind.

Aber wie ein Kind, das in diese Welt geboren wird, der Nahrung bedarf, so ist auch der Christus in uns als ein winziges Kind geboren worden und bedarf der Nahrung, bis er seine völlige Reife erlangt hat. Und wie der physische Körper durch die fortgesetzte Assimilation des Materials aus der chemischen Region, den festen, flüssigen und gasförmigen Stoffen, wächst, so wächst der Christus in uns, wenn die zwei höheren Äther sich mehr und mehr entfalten und eine leuchtende Wolke um den Menschen formen, der mit tiefem Verständnis seinen Pfad himmelwärts eingeschlagen hat. Der Wanderer wird mit einem derart strahlenden Licht umgeben, daß er tatsächlich „im Lichte wandelt." Mittels der Übungen, wie sie durch die westliche Mysterienschule der Rosenkreuzer gegeben wurden, ist es möglich, mit der Zeit die beiden höheren Äther von den niederen zu trennen und der Mensch wird dann fähig, aus seinem physischen Körper auszutreten und diesen für eine Weile den beiden niederen Äthern zu überlassen. Er ist dann zu einem „unsichtbaren Helfer" geworden.

Es gibt verschiedene Grade des geistigen Sehens. Einer befähigt den Aspiranten, den gewöhnlich unsichtbaren Äther mit seinen Myriaden von Wesen, die diese Ebene bevölkern, zu sehen. Andere und höhere Arten ermöglichen es ihm, die Begierdenwelt, ja sogar die Gedankenwelt zu schauen, während er noch in seinem physischen Träger bleibt. Aber diese Fähigkeiten, so wertvoll sie auch sind, wenn sie unter völliger Kontrolle des menschlichen Willens angewandt werden, genügen doch noch nicht, um mit absoluter Zuverlässigkeit im „Gedächtnis der Natur" zu lesen. Um dies tun zu können und die nötigen Nachforschungen anzustellen, damit man verstehen kann, wie das Schicksalsgewebe geschaffen wurde und wie es wieder aufgelöst werden kann, ist es nötig, fähig zu sein, festen Willens aus dem physischen Körper auszutreten und außerhalb desselben in jenem Seelenkörper zu handeln, der, wie wir soeben gesehen haben, aus den beiden höheren Äthern besteht und ebenfalls den Begierdenkörper und Intellekt einschließt. Dann ist der Forscher im vollen Besitz aller seiner Fähigkeiten, er weiß alles, was er in der physischen Welt wußte und ist auch fähig, das Wissen um die Dinge, die er außerhalb seines Körpers kennenlernte, ins physische Bewußtsein zurückbringen. Wenn er diese Fähigkeit erlangt hat, muß er außerdem lernen, sich im Gleichgewicht zu halten und die Dinge zu verstehen, die er außerhalb seines

Körpers gesehen hat, denn merken wir uns dies: Es genügt nicht, aus dem physischen Körper in eine andere Welt zu gehen und dort Dinge zu beobachten. Durch diese Tatsache werden wir noch nicht allwissend; so wenig wie wir nur deshalb, weil wir hier in der physischen Welt Tag für Tag und Jahr für Jahr leben, schon zu verstehen vermögen, wie alles gebraucht wird und wie alles funktioniert. Es erfordert ein tiefes Studium und viel Fleiß, um durch und durch mit den Tatsachen der unsichtbaren Welt bekannt zu werden, genauso wie es derselben bedarf, um mit den Dingen der physischen Welt, in der wir in unserem physischen Körper handeln, vertraut zu werden. Deshalb ist das Buch „Gedächtnis der Natur" weder beim ersten noch beim zweiten Versuch schon leicht zu studieren. Genauso wie ein Kind Zeit braucht, um einfache Bücher lesen zu lernen, so erfordert es Zeit und Mühe, um diese wunderbare Schrift entziffern zu können.

Den Schülern der Wissenschaft ist es eine bekannte Tatsache, daß die Geschichte der Erde in unmißverständlicher Weise in die Felsen und Gletscher eingraviert ist. Der trainierte Forscher findet auf jedem Stein irgendwelche Zeichen, die ihn in der Erforschung seiner Botschaft betreffs der Entwicklung der Erde in den vergangenen Zeitaltern leiten, und es ist wunderbar, in den Büchern unserer wissenschaftlichen Forscher zu lesen, wie es ihnen gelungen ist, aus all den vielen Spuren eine zusammenhängende Geschichte zu schreiben. Ebenso bekannt ist auch die Tatsache, daß wir, wohin wir uns individuell auch bewegen mögen, Spuren hinterlassen, die verfolgt werden können, wenngleich sie für uns selbst unsichtbar sind. Fenimore Cooper und andere erzählen von dem wunderbaren Spürsinn der Indianer, den sie an den Tag legen, indem sie, durch gebrochene Zweige und dergleichen geleitet, Freunde oder Feinde durch den Urwald verfolgen. Dieser ist heutzutage durch die Wissenschaftler weit überholt, die den Verbrecher durch seine Fingerabdrücke aufspüren können. Die scheinbar phantastischen Erlebnisse eines Sherlock Holmes wiederholen sich heute in tatsächlichen Erfahrungen krimineller Entdeckungen. Die gefilmten Handlungen der heute lebenden Menschen mögen vielleicht noch in Hunderten von Jahren in den Lichtspielhäusern wiedergegeben werden, wenn deren Körper längst vermodert sind. Und so, im Lichte dieser Erfindungen und Erforschungen, ist es nur logisch, zu glauben, daß es einen automatischen Bericht für jedes menschliche Leben sowie für das Leben jeder Gemeinschaft, jedes Staates usw. gibt, den wir, in Ermangelung eines besseren Namens „Das Gedächtnis der Natur" nennen. Dies zeigt die verschiedenen Stadien der Entwicklung, die alle lebenden Wesen durchgemacht haben, und es gibt den großen Dienern Gottes, den berichterstattenden Engeln, die nötigen Perspektiven, um uns in unseren Bemühungen, Wissen, Weisheit und Macht zu erlangen, beizustehen; es zeigt ihnen, welcher Lektionen wir bedürfen, um uns weiter auf dem Pfade zu entwickeln. Soweit dies das Individuum betrifft, beginnt der Bericht mit dem Augenblick, wenn dieses den ersten Atemzug tut und hält an bis zum letzten Hauch, der die Arterien vom Blute geleert hat. Wir wissen, daß das ganze Universum von Leben vibriert, daß jeder Gegenstand fortwährend Schwingungen von sich gibt, die uns seine Natur und seine Gegenwart offenbaren. Wir wissen ebenfalls, daß, wenn ein Kind seinen ersten vollständigen Atemzug getan hat, die physiologischen Zustände seines Herzens sich gewandelt haben, das foramen ovale wird geschlossen und dadurch wird das Blut angetrieben, durch das Herz und die Lungen zu zirkulieren. Dort begegnet es der Luft, die mit Bildern der

Umgebung beladen ist. Somit nimmt das Blut, das der Träger des Egos ist, in den Lungen einen vollkommenen Abdruck der Außenwelt auf. Wenn es durch die linke Herzkammer jagt, hinterläßt es einen Abdruck auf dem kleinen Keimatom, welches sich in der Spitze derselben befindet und dem Film einer Kamera gleicht. Diese Idee, daß eine große Anzahl von Bildern auf eine so kleine Fläche eingeprägt sein können, sollte nicht bezweifelt werden. Wenn wir bedenken, daß das Bild des Mondes, welches wir auf unserer Netzhaut sehen, kleiner als der zweihundertste Teil eines Zolls im Durchmesser ist, so können wir sehen, daß auch ein kleines Bild sehr genau sein kann, denn wir können sogar auf diesem winzigen Raum mit dem bloßen Auge auf dem Monde eine Anzahl Berge und Täler erkennen. Das Bildnis eines Menschen in einem Abstand von ungefähr 30 Metern ist nicht größer als ein Zwanzigstel eines Zolls, wie uns eine Autorität auf diesem Gebiete sagt, und dennoch können wir auf diesem winzigen Bildchen ganz deutlich den Ausdruck des Gesichts, die Kleidung und dergl. unterscheiden. Ähnlich ist auf diesem kleinen Keimatom ein Bild von jeder Handlung, die wir je ausführten, von jeder Szene, in der wir einmal während der ganzen Zeit von der Geburt bis zum Tode beteiligt waren, zu finden. George du Maurier und Jack London beschreiben in „Peter Ibbetson" und „The Star-Rover" (Der Sternenbummler), wie ein „Gefangener im Fleische" Szenen seiner Kindheit wieder erleben kann, wo er sich selbst, seine Spielkameraden, seine Eltern, seine ganze damalige Umgebung, ja sogar vergangene Leben auf den ätherischen Berichten reproduziert sieht. Jeder, der das Geheimnis kennt, um mit diesen Bildern in Berührung zu kommen, ist fähig, auch die Bilder aus den Leben anderer Menschen, mit denen er in Kontakt kommt, zu finden und in ihnen zu lesen, was durch Medien bewiesen wird. Aber während frische oder zeitgenössische Berichte mit verhältnismäßiger Leichtigkeit gelesen werden können, wird es zunehmend schwerer, wenn wir weiter zurückgehen, denn die Eindrücke, die im Äther gemacht werden, sind, verglichen mit jenen der nächsthöheren Regionen, schwach und verblassen allmählich ganz.

Wenn ein Seher jemand beobachtet, der im Begriffe steht, krank zu werden, so wird er finden, daß der Lebensleib tatsächlich dünner, schwächer wird, und wenn er den Punkt erreicht hat, wo er den physischen Körper nicht mehr länger unterstützen kann, zeigen sich im letzteren die Anzeichen, die wir Krankheit nennen. Einige Zeit vor der körperlichen Genesung beginnt der Lebensleib, in seiner Struktur fester zu werden und die Periode der Gesundung beginnt. Gleichfalls ist es jedem, der mit Opfern von Unglücksfällen zu tun hat, bekannt, daß diese unmittelbar nach dem Unfall viel weniger leiden als später. Das kommt daher, weil der Lebensleib zur Zeit des Unfalls unbeschädigt war, und deshalb wird die ganze Wirkung des Unfalls nicht eher gefühlt, als bis dieser so geschwächt ist, daß er unfähig wird, den Lebensprozeß weiter zu unterstützen. So sehen wir also, daß im Äther des menschlichen Wesens Veränderungen vor sich gehen und gemäß dem mystischen Sprichwort „wie oben so unten" und umgekehrt gibt es auch Veränderungen im planetarischen Äther, welcher den Lebensleib des Erdgeistes bildet. So wie im bewußten Gedächtnis Erinnerungen an kürzlich stattgefundene Ereignisse, die im menschlichen Wesen stark sind, allmählich verblassen, so erlischt auch allmählich der ätherische Bericht, der der niedrigste Aspekt des „Gedächtnisses der Natur" ist.

In der höchsten Unterabteilung der Region der konkreten Gedanken, gerade an der Grenzlinie zwischen reinem Geist und Materie, besteht ein Abdruck aller Dinge und Ereignisse dieser Welt, welcher bei weitem klarer und dauerhafter ist als der ätherische Bericht. Während die Ereignisse, die auf letzterem eingeprägt sind, in einigen hundert Jahren stellenweise verlöschen und sogar sehr wichtige Ereignisse nur ein bis zweitausend Jahre anhalten, finden wir, daß die Berichte, die in der höchsten Unterabteilung der konkreten Gedankenwelt eingeprägt sind, für die Dauer der ganzen Erdperiode anhalten. Während jene Berichte, die im rückstrahlenden Äther eingeprägt sind, von einem Laien gelesen werden können, der vielleicht ein klein wenig geistige Sicht hat, so bedarf es verschiedener Einweihungen, bevor jemand fähig ist, die Berichte zu entziffern, die in den höheren Regionen, wie zuvor erwähnt, aufbewahrt sind. Man wird leicht das Verhältnis zwischen dem Bericht, der im rückstrahlenden Äther gemacht wurde und jenem absolut vollkommenen und ewigen Bericht, welcher sich in der Welt des Lebensgeistes zeigt, erkennen, wenn man das Diagramm der „Weltanschauung der Rosenkreuzer" studiert. Paracelsus nennt diesen im rückstrahlenden Äther gemachten Bericht das Sternenlicht, während Eliphas Levi, der große Kabbalist, davon spricht, daß diese Berichte im Astrallicht enthalten sind. In gewissem Sinne ist dies richtig, denn, obgleich sie mit den Sternen absolut nichts zu tun haben, wie der Name andeuten könnte, findet man sie doch in der ätherischen Region außerhalb unserer Erdatmosphäre. Ein Medium oder ein hypnotisches Opfer, welches seinen Körper auf negative Weise durch fremde Kontrolle verläßt, schwebt dieser Region so natürlich zu, wie der physische Körper von der Erde angezogen wird.

Wie in der „Weltanschauung der Rosenkreuzer" in Verbindung mit der Konstitution unseres Planeten dargelegt ist, läuft der Pfad der Einweihung durch die Erde hindurch, und zwar von der Oberfläche zum Mittelpunkt, von Schicht zu Schicht. Obgleich unsere physischen Körper durch die Kraft der Gravitation zu diesem Weg gezogen werden, so hindert doch die unentwickelte Klasse von Menschen ihre Schwere am Zutritt zu diesen heiligen Stätten. Nur wenn wir uns genügend entwickelt haben und durch rechtes Leben in der Lage sind, unseren Körper willkürlich zu verlassen, sind wir fähig, aus einwandfreien, selbstlosen Gründen in den Berichten des rückstrahlenden Äthers zu lesen. An einem weiteren Punkt des Fortschritts eröffnet sich dem Eingeweihten die Wasserschicht und dann ist er fähig, vergangene Ereignisse in jenen Berichten zu lesen, die für dauernd in der lebenden Substanz der Region der Urtypen eingraviert sind, wo Zeit und Raum praktisch nicht bestehen, wo alles ein ewiges Hier und Jetzt ist.

3. Kapitel
Der Hüter der Schwelle - Erdgebundene Geister

Wenn wir uns dem Studium des Schicksalsgewebes, wie es geschaffen und aufgelöst wird, hingeben, ist es notwendig, daß wir uns etwas eingehender mit dem mysteriösen „Hüter der Schwelle" befassen, einem Gegenstand, der viel mißverstanden wird. Unsere Nachforschungen in den vorhergegangenen Leben einer Anzahl Menschen, die sich um Befreiung von sogenannter Besessenheit ans Hauptquartier gewandt haben, haben ergeben, daß ihre Schwierigkeiten auf eine Erscheinungsform zurückzuführen sind, die von anderen Forschern irrtümlicherweise „der Hüter der Schwelle" genannt wurde. Wenn solche Fälle nur mit dem geistigen Gesicht oder auch durch Lesen im rückstrahlenden Äther geprüft werden, können sich solche Fehler, diese Erscheinungen mit dem „Hüter der Schwelle" zu verwechseln, leicht einschleichen. Wenn wir diese Fälle jedoch in den unvergänglichen Berichten, die sich in den Regionen der urtypischen Kräfte befinden, nachprüfen, klärt sich die Sache schnell auf und die Tatsachen, die sich durch diese Forschungen ergeben haben, können wie folgt dargelegt werden:

Im Augenblick des Todes, wenn das Keimatom, das die Erfahrungen des vergangenen Lebens im Panorama enthält, im Herzen bricht, verläßt der Geist seinen physischen Körper und nimmt die höheren Träger mit sich. Dann schwebt er während der Zeit von einigen Stunden bis zu 3½ Tagen über dem dichten Körper, der, wie wir sagen, jetzt tot ist. Der bestimmende Faktor für diese Zeit ist die Stärke des Lebensleibes, aus dem der Seelenkörper gebildet wird, von dem die Bibel spricht. Während dieser Zeit wird mit Hilfe des rückstrahlenden Äthers auf den Begierdenkörper eine bildliche Wiedergabe des soeben verflossenen Lebens in rückläufiger Ordnung, also vom Tod bis zur Geburt, eingeätzt. Während dieser Zeit ist das Bewußtsein des Geistes auf den Lebensleib konzentriert, wenigstens sollte es so sein, und deshalb fühlt er nichts von diesem ganzen Vorgang. Das Bild, das sich auf dem Begierdenleib, dem Träger der Gefühle und Erregungen, einprägt, ist die Basis für die darauffolgenden Leiden im Fegfeuer für unsere üblen Taten und für die Freuden, die wir im ersten Himmel für unsere guten Taten im vergangenen Leben ernten.

Dies sind die Hauptpunkte, die der Verfasser persönlich beobachten konnte, als ihm die Lehren zuerst gegeben wurden und er mit Hilfe des Lehrers in die panoramaartigen Wiedergaben der Leben von Personen, die durch das Tor des Todes gingen, eingeführt wurde. Forschungen späterer Jahre haben ihm jedoch die Tatsache enthüllt, daß während dieser wichtigen Tage nach dem Tode noch ein anderer Prozeß vor sich geht. Es findet nämlich eine Spaltung im Lebensleib statt ähnlich dem Vorgang, der sich bei der Einweihung abspielt. Der Teil dieses Trägers, den man als Seelenkörper ansehen kann, verbindet sich mit den höheren Trägern und ist dann in den inneren Welten die Bewußtseinsbasis nach dem Tode. Der niedere Teil, der abgelegt wird, kehrt zum physischen Körper zurück und schwebt in den meisten Fällen über dem Grabe, wie es in der „Weltanschauung der Rosenkreuzer" dargelegt wurde. Die Spaltung des Lebensleibes ist nicht bei allen Menschen gleich; dies hängt von der Natur des soeben vergangenen Lebens und von dem Charakter des hinübergegangenen Menschen ab. In extremen Fällen unterscheidet sich diese Teilung sehr von der Norm. Dieser wichtige Punkt kam in vielen Fällen, bei denen man Besessenheit durch Geister annahm, zum Vorschein. Tatsächlich waren es diese Fälle, die uns so weitreichende und überraschende Entdeckungen bei der Erforschung der Natur der Besessenheit brachten, an welcher die Leute, die sich an uns wandten, litten. Wie natürlich zu erwarten war, zeigte sich in diesen Fällen bei der Spaltung ein Übergewicht an Bösem und nun wurden Anstrengungen gemacht, um festzustellen, ob es nicht auch eine andere Klasse von Menschen gibt, bei denen sich ein Übergewicht an Gutem findet. Es macht Freude, zu berichten, daß das tatsächlich der Fall ist, und nachdem die Entdeckungen gewissenhaft geprüft und miteinander verglichen worden sind, scheint die folgende Beschreibung der Umstände und Verhältnisse und deren Grund richtig zu sein:

Der Lebensleib zielt darauf hin, den physischen Körper aufzubauen, während unsere Wünsche und Begierden ihn niederreißen. Dieser Kampf zwischen dem Lebensleib und dem Begierdenkörper ist es, der das Bewußtsein in der physischen Welt erzeugt und die Gewebe verhärtet, so daß der zarte Kindeskörper allmählich zäher wird und im Alter zusammenschrumpft und der Tod folgt. Die Moral oder Unmoral unserer Begierden und Empfindungen wirkt sich gleicherweise auf den Lebensleib aus. Wo Hingabe an hohe Ideale den Ansporn zu Handlungen gab, wo der Mensch jahrelang der Verehrung frei und offen Ausdruck verlieh, und besonders, wenn dies von den wissenschaftlichen Übungen, die den Prüflingen der mystischen Gemeinschaft gegeben wurden, begleitet wurde, vermindern sich allmählich der chemische und der Lebensäther, so daß die tierischen Gelüste verschwinden, wohingegen die Menge des Licht- und rückstrahlenden Äthers zunimmt. Aus diesem Grunde ist der Gesundheitszustand der Menschen, die dem höheren Pfade folgen, nicht so robust wie bei jenen, die sich den niederen Begierden hingeben und mehr vom chemischen und Lebensäther anziehen, im Verhältnis zum Umfang und zur Natur ihrer Laster, sogar bis zum teilweisen oder gänzlichen Ausschluß der beiden höheren Äther.

Dieser Tatsache folgen einige sehr wichtige Konsequenzen in Verbindung mit dem Tode. Da es der chemische Äther ist, welcher die Moleküle des Körpers an ihren Plätzen verbindet und für die Dauer des Lebens zusammenhält, muß die Auflösung des physischen Körpers nach dem Tode sehr schnell vor sich gehen, wenn nur sehr wenig von diesem Material vorhanden ist. Dies konnte der Verfasser nun nicht genau feststellen, weil es bei seinen Forschungen schwierig war, Menschen mit hohen geistigen Eigenschaften zu finden, die erst kürzlich hinübergegangen waren. Aber die in der Bibel berichtete Tatsache, daß der Leib des Christus nicht mehr in der Gruft vorhanden war, als die

Menschen kamen, beweist dies. Wie wir schon früher in Bezug auf diese Angelegenheit berichteten, vergeistigte Christus den Körper Jesu während seines Dienstes zu derart hohen Schwingungen, daß es zeitweise fast unmöglich war, die Partikelchen zusammenzuhalten. Diese Tatsache war dem Verfasser durch die Lehren der Älteren Brüder und durch seine eigenen Forschungen im Gedächtnis der Natur bereits bekannt, aber welchen Einfluß dies im allgemeinen auf den Tod und die darauf folgende Zeit haben könnte, das war für ihn noch neu.

Der wahre „Hüter der Schwelle" ist das elementare Wesen, das durch unsere gesamten, nicht umgewandelten bösen Gedanken und Taten während der ganzen Periode unserer Evolution in den inneren Welten geschaffen wurde. Dieser „Hüter" hält Wache am Eingang zu den unsichtbaren Welten und fordert unser Recht zum Eintritt heraus. Dieses Wesen muß erlöst oder umgewandelt werden. Wir müssen genügend Gleichgewicht und Willenskraft entwikkeln, um diesem Wesen entgegentreten und ihm befehlen zu können, eher können wir die höheren Welten nicht bewußt betreten.

Wie vorher erwähnt, vermehrt ein weltliches Leben die niederen Äther des Lebensleibes. Wo außerdem ein sogenanntes „reines Leben" gelebt und Unmäßigkeiten vermieden wurden, ist die Gesundheit eines solchen Menschen während dieses Lebens viel robuster als die eines Aspiranten des höheren Lebens, weil die Einstellung des letzteren einen Lebensleib baut, der in der Hauptsache aus den höheren Äthern besteht. Er liebt „das Brot des Lebens" mehr als seine körperliche Erhaltung und deshalb wird sein Instrument zunehmend höher gestimmt, nervös und zarter, er befindet sich in einem sensitiven Zustand, der die geistigen Dinge in großem Maße fördert, aber vom physischen Standpunkt aus Beschwerden verursacht.

Bei der großen Mehrzahl der Menschheit findet man ein Übergewicht an Eigennutz und Verlangen, den größten Nutzen aus dem Leben zu ziehen, so wie sie es verstehen, so daß sie genug damit zu tun haben, den Wolf von ihrer Tür fernzuhalten. Andererseits häufen sie Besitztümer an und müssen diese beschützen, so daß sie sehr wenig Zeit und Neigung haben, Seelenkultur zu pflegen, die doch für den wahren Erfolg im Leben in großem Maße erforderlich ist. Der Verfasser hat oft die Auffassung gehört, daß es für sie genügt, wenn der Pfarrer bezahlt wird, um sechs Tage lang die Bibel zu studieren und wenn er ihnen am siebenten Tag einen kleinen Auszug von dem gibt, was er gefunden hat, um ein Freibillett in den Himmel zu bekommen. Sie heißen die Kirche gut und tun, was man im Leben gewöhnlich ehrenhaft und richtig nennt; im übrigen aber lassen sie es sich gut gehen. Deshalb besitzt die Mehrzahl dieser Menschen so wenig, was ewigen Bestand hat. Die Evolution ist außerordentlich langsam, bis jemand einmal fähig wird, den Vorgang des Todes von den höheren Regionen, von der Welt der konkreten Gedanken aus zu sehen. Wenn man sozusagen herunterschaut, dann sieht es so aus, als wenn scheinbar nichts vom Lebensleib übriggeblieben sei. Dieser Träger scheint gänzlich zum physischen Körper zurückzukehren und er schwebt über dem Grabe, um sich dort gleichzeitig mit ihm aufzulösen. Tatsache ist aber, daß sich ein immer mehr zunehmender Teil an die höheren Träger anschließt und mit ihnen in die Begierdenwelt wandert, um dort die Bewußtseinsgrundlage zu bilden und das Fegefeuer und die himmlischen Freuden mit zu durchleben, gewöhnlich so lange dort verharrend, bis der Mensch den zweiten Himmel betritt und sich dort mit den Naturkräften verbindet in seinem Bemühen, sich eine neue Umgebung zu schaffen. Zu dieser Zeit ist er vom Geiste fast ganz absorbiert, und was dann noch von der materiellen Natur übriggeblieben ist, wird sich schnell auflösen. Die Persönlichkeit des vorangegangenen Lebens ist nun für immer verschwunden und der Geist wird sie in zukünftigen Leben auf Erden niemals wieder antreffen.

Aber es gibt Menschen von so schlechter Natur, daß es ihnen Freude macht, einem brutalen Leben in Verbrechen und Degeneration zu frönen; es macht ihnen Vergnügen, anderen Schmerzen zu bereiten. Manchmal kultivieren sie sogar okkulte Künste für ihre bösen Zwecke, damit sie noch größere Macht über ihre Opfer gewinnen. Das Resultat ist, daß ihre teuflischen, unmoralischen Handlungen ihren Lebensleib stark verhärten. In solch extremen Fällen, wo die tierische Natur die Oberhand hatte, wo im voraufgegangenen Leben absolut kein Ausdruck von Seelenleben vorhanden war, kann zur Zeit des Todes keine Spaltung im Lebensleib vor sich gehen, denn es ist keine Grenze da. In einem solchen Falle, wenn der Lebensleib durch das Gesetz der Schwere zum festen Körper zurückgeht, um mit diesem langsam zu vergehen, würde die Wirkung eines sehr üblen Lebens noch nicht so weitreichende Folgen haben; doch besteht in solchen Fällen unglücklicherweise ein Ineinandergreifen des Lebens- und Begierdenleibes, das die Trennung verhindert. Wir haben gesehen, daß sich die geistigen Träger eines Menschen auf Kosten der niederen Träger ernähren, wenn er vorwiegend seiner höheren Natur gemäß lebt. Wo sich andererseits das Bewußtsein gänzlich auf die niederen Träger konzentriert hat, sind diese unermeßlich stark geworden. Es muß verstanden werden, daß das Leben des Begierdenkörpers mit dem Verlassen des Geistes nicht beendet ist, er hat dann noch eine Art Rest-Leben und Bewußtsein. Auch der Lebensleib ist sich der Dinge noch einige Tage nach dem Tode in geringem Maße bewußt (daher die Schmerzen, die hervorgerufen werden, wenn Einbalsamierungen oder Untersuchungen sofort nach dem Tode vorgenommen werden). Wo ihn jedoch ein niederes Leben verhärtet und noch mehr verstärkt hat, hängt er zähe und beharrlich am Leben fest und ist fähig, sich von den Gerüchen der Lebensmittel und des Alkohols zu ernähren. Manchesmal wird er sogar zum Parasiten und vampirisiert Menschen, mit denen er in Kontakt kommt. Auf diese Art kann ein böser Mensch viele Jahre ungesehen zwischen uns leben, uns tatsächlich näher als Hände und Füße. Er ist weit gefährlicher als der lebende Verbrecher, da er andere mit einer ähnlichen verbrecherischen Natur veranlassen kann, seine Ausartungen oder Verbrechen auszuführen, ohne entdeckt oder bestraft zu werden. Daher sind solche Wesen eine der größten Gefahren für die menschliche Gesellschaft. Sie haben unzählige Opfer ins Gefängnis gebracht, Heime zerstört und unglaublich viel Kummer und Elend verursacht. Sobald der Arm des Gesetzes ihre Opfer erreicht hat, lassen sie sie im Stich, ja, sie weiden sich an ihrem Kummer und Leid, denn das ist ein Teil ihres teuflischen Planes. Es gibt eine andere Klasse, die ihr Vergnügen darin sucht, sich in spiritistischen Sitzungen als Engel auszugeben. Auch sie finden ihre Opfer und bringen ihnen unmoralische Gewohnheiten bei.

Der sogenannte Poltergeist, der seinen Spaß daran hat, Geschirr zu zerbrechen, Tische auf den Kopf zu stellen, den Leuten den Hut über den Kopf zu stülpen und anderen Unsinn vor einer sich amüsierenden Zuhörerschaft anzustellen, gehört ebenfalls in diese Klasse. Die Dichte und die Kraft des Lebensleibes dieser Wesen macht es ihnen viel leichter, physische Manifestationen vorzunehmen, als es jenen möglich ist, die in die Begierdenwelt hinübergegangen sind. Tatsächlich ist der Lebensleib dieser Geister derart dicht, daß sie fast physisch sind, und es ist dem Verfasser oft rätselhaft gewesen, warum die Menschen, über die sie sich lustig gemacht hatten, diese Wesenheiten nicht gesehen haben. Wären sie nur einmal gesehen worden, dann hätte ein Blick in ihre häßlichen, spöttischen, hohnlächelnden Gesichter genügt, die Täuschung, daß sie Engel seien, zunichte zu machen.

Es gibt noch eine andere Klasse von Geistern, die dieser Kategorie angehören; diese wenden sich an die Menschen, die geistige Entwicklung außerhalb der spirituellen Richtung suchen. Sie bieten sich ihnen als individuelle Lehrer an und machen ihnen eine Menge Tamtam vor. Sie machen sich die Leichtgläubigkeit ihrer Opfer in einer fast unglaublichen Weise zunutze, und obgleich sie jahrelang ihre Absichten geheimhalten können, so zeigen sie doch einmal ihren wahren Charakter. Deshalb kann es nicht oft genug wiederholt werden, daß niemand von irgend jemand, sichtbar oder unsichtbar, solche Lehren annehmen sollte, die auch nur im geringsten Grade im Gegensatz zu seinem höchsten Begriff der Ethik stehen. Es ist ja doch schon gefährlich, in dieser Welt Menschen absolut zu glauben und ihnen ohne weiteres volles Vertrauen zu schenken. Wir wissen dies aus Erfahrung und handeln demgemäß. Natürlicherweise sollten wir um so vorsichtiger sein, wenn es sich um Angelegenheiten der Seele handelt, und wir sollten das Wichtigste, das wir besitzen, nicht jemand überlassen, den wir nicht sehen und beurteilen können.

Natürlich gibt es viele Geister, die nicht genügend Witz und Verstand haben, um ihren Opfern etwas Böses antun zu können; sie führen ihre Opfer nur jahrelang an der Nase herum, ohne ihnen zu schaden. Daher ist Selbstvertrauen die wichtigste Tugend, die wir in diesem Stadium unserer Entwicklung kultivieren müssen. Der mystische Spruch: „Wenn du Christus bist, hilf dir selbst" klingt dauernd in den Ohren derjenigen, die sich bemühen, den wahren Pfad zu wandeln. Deshalb sollten wir uns selbst leiten, ohne Furcht und ohne die Gunst eines Geistes.

Wenn man im Gedächtnis der Natur forscht, ist es überraschend zu sehen, wie vorherrschend dieses Ineinandergreifen des Lebensleibes und des Begierdenkörpers in den vergangenen Jahrhunderten und Jahrtausenden war. Wir verstehen, natürlich in einer abstrakten Weise, daß wir den Menschen immer roher und grausamer finden, je weiter wir in der Geschichte der Menschheit zurückgehen. Aber daß in unserer jetzigen Zeit diese Rohheit und Brutalität noch immer herrscht, daß immer noch Macht vor Recht kommt, das hat dem Verfasser einen ziemlichen Schock gegeben. Es wurde gelehrt, daß unter Jehovas Regime Selbstsucht und Begehrlichkeit absichtlich gepflegt wurden, um einen Ansporn zur Handlung zu gewinnen. Dies hat jedoch im Laufe der Zeit den Begierdenkörper derartig verhärtet, daß es zur Zeit Christi unter dem Volk fast gar kein himmlisches Leben gab. Der Verfasser hat sich nie recht vorstellen können, was diese Tatsache eigentlich bedeutet, bis er die Forschungen, das Schicksalsgewebe betreffend, begonnen hatte.

Diese alten Völker waren noch nicht damit zufrieden, im Leben alles an Bösem zu tun, was sie vermochten und dann ungestraft davonzukommen - sie mußten sogar ihre eigenen Kriegspferde töten, ihre Waffen wurden mit in die Särge gelegt und es wurde alles mögliche getan, um sie hier zu halten, denn der Äther in Dingen, die ihnen zu Lebzeiten gehörten, war das Anziehungsmittel, um sie fernerhin an die Erdsphäre gebunden zu halten. Es setzte sie in den

Stand, „umzugehen", und das taten sie dann auch in ihren Schlössern für viele Jahre. Natürlich waren dies nicht nur die Reichen und die Angehörigen der Kriegerklasse, sondern auch andere. In Fällen von Blutsfehden, wo Menschen erschlagen worden waren, regten die Geister die Verwandten an, die Erschlagenen zu rächen und ihnen zu helfen, die blutigen Taten zurückzuzahlen. Auf diese Weise verewigten sie das Übel und hielten die Welt durch Blutvergießen und Streit in Aufruhr. Sogar in unseren modernen Tagen ist dieser Bannstreit noch nicht ganz gebrochen. Wenn jemand stirbt, der Haß und Bosheit in seinem Herzen genährt hat, verkettet sich der Begierdenleib mit dem Lebensleib und macht einen solchen Menschen zu einer ernsten Gefahr für die menschliche Gesellschaft, zu einer größeren Gefahr, als sich jemand vorstellen kann, der niemals diesen Gegenstand erforscht hat. Schon allein aus diesem Grunde sollte die Todesstrafe abgeschafft werden, um diese gefährlichen Charaktere nicht auf die menschliche Gesellschaft loszulassen und die moralisch Schwachen anzuspornen, in ihre Fußstapfen zu treten.

4. Kapitel
Der Sündenkörper - Besessenheit durch selbstgeschaffene Dämonen - Naturgeister

Erdgebundene Geister, wie wir sie vorher erwähnten, streben den niederen Regionen der Begierdenwelt, welche den Äther durchdringt, zu und sind dauernd in Kontakt mit solchen Menschen der Erde, die am meisten geeignet sind, sie in ihren bösen Absichten zu unterstützen. Gewöhnlich bleiben sie in diesem erdgebundenen Zustand für 50, 60 oder 75 Jahre, aber in extremen Fällen hat man gefunden, daß sie Jahrhunderte lang darin verharrten. Soweit der

Verfasser bisher imstande war, dies nachzuprüfen, scheint es keine Grenzen dafür zu geben, was sie tun wollen oder wann sie sich loslösen werden. Jedoch häufen sie für sich selbst die ganze Zeit hindurch eine große Sündenlast auf, deren Leiden sie niemals entgehen können, denn der Lebensleib ätzt den Bericht ihrer Übeltaten tief in den Begierdenleib ein, und wenn sie sich endlich von der Erdensphäre lösen und die Fegefeuerexistenz durchmachen müssen, erwartet sie die Vergeltung, die sie verdient haben. Diese Leiden stehen natürlich im Verhältnis zu der Zeit, in der sie ihre schändlichen Taten nach dem Tode des physischen Körpers ausgeübt haben - ein weiterer Beweis dafür, daß „Gottes Mühlen langsam mahlen, aber äußerst fein."

Wenn der Geist den Sündenkörper, wie wir diesen Träger im Gegensatz zu dem Seelenkörper nennen wollen, beim Eintritt in den zweiten Himmel verlassen hat, vergeht dieser nicht so schnell wie die Hüllen, die normale Menschen zurücklassen, denn das Bewußtsein ist darin durch seine Doppelzusammensetzung erhöht, weil er ja aus dem Lebens- und dem Begierdenleib besteht und ein sehr stark ausgeprägtes persönliches Bewußtsein hat. Er kann nicht vernünftig denken, aber er besitzt eine niedere Verschlagenheit, welche den Anschein erweckt, als ob er tatsächlich eine geistige Gegenwart, ein Ego, besäße, und dies versetzt ihn in den Stand, Jahrhunderte lang ein Eigenleben zu führen. Der ausgeschiedene Geist tritt inzwischen in den zweiten Himmel ein, aber da auf Erden nichts geschaffen wurde, was einen verlängerten Aufenthalt hier oder im dritten Himmel rechtfertigen würde, bleibt er nur so lange dort, um für sich eine neue Umgebung zu schaffen. Dann wird er viel schneller als gewöhnlich wiederverkörpert, um das heftige Verlangen nach materiellen Dingen, die ihn so stark anziehen, zu befriedigen.

Wenn nun dieser Geist zur Erde zurückkehrt, wird der Sündenkörper naturgemäß zu ihm hingezogen und bleibt gewöhnlich während seiner ganzen Lebensdauer als sein Dämon bei ihm. Nachforschungen haben bewiesen, daß diese Arten seelenloser Geschöpfe in biblischen Zeiten sehr vorherrschend waren, und unser Erlöser bezog sich auf sie, wenn er von Teufeln sprach, denn sie waren in vielen Fällen die Ursache von Besessenheit und körperlichen Krankheiten, wovon die Bibel spricht. Das griechische Wort „Daimon" beschreibt sie ganz genau. Sogar heute noch wird ein großer Teil von Südeuropa und dem Orient durch sie beunruhigt, und diese schädliche Einwirkung nimmt ganz besonders in Sizilien, Korsika und Sardinien überhand. Ganze Stämme in Afrika, wo die Voodoo-Magie noch vorherrscht, haben durch sie ihre greulichen Gespenster; auch die Indianer in Amerika, sowie die Neger der südlichen Staaten der USA sind ihnen unterworfen.

Aber unglücklicherweise ist dieses Übel nicht nur auf die niederen Rassen beschränkt. Sogar in den zivilisierten Ländern wie Nordeuropa, Nord- und Südamerika finden wir, daß dämonische Besessenheit nicht selten vorkommt, wenngleich ihr Ausdruck nicht so abstoßend ist wie an den vorerwähnten Plätzen, wo sie oft noch von den schmutzigsten, ekelerregendsten Sitten begleitet ist.

Der Verfasser war einmal recht besorgt, welche Wirkung wohl der Krieg im Hinblick auf die Zusammenfesselung des Lebens- und des Begierdenleibes hat, und ob diese evtl. Legionen von Monstren erzeugen würde, die die zukünftige Generation schädigen würden. Aber mit großer Dankbarkeit kann er berichten, daß in dieser Hinsicht nichts zu befürchten ist. Nur wenn die betreffenden Menschen ausgesprochen boshaft und rachsüchtig sind und fortwährend den Wunsch und die Gedanken hegen, sich an irgend jemand zu rächen, wenn solche Gefühle dauernd gepflegt und unterstützt werden, dann verhärtet sich der Lebensleib und erzeugt den verankernden Griff der Träger. Von den Berichten aus dem Weltkrieg wissen wir, daß die Massen keine derartigen Gefühle gegeneinander hatten, sondern daß sich im Gegenteil Feinde als Freunde begegneten, wo immer sie die Gelegenheit hatten, miteinander in Verbindung zu kommen. Obgleich der Krieg für die furchtbare Kindersterblichkeit verantwortlich ist, kann man ihn doch nicht für die schrecklichen Krankheiten, hervorgerufen durch Besessenheit, oder für die Verbrechen, die durch diese dämonischen Sündenkörper suggeriert werden, verantwortlich machen.

Die abgelegten Sündenkörper, wie wir vorher erwähnten, bewohnen natürlich vorzugsweise die niedrigsten Regionen des Äthers und verdichten sich fast bis zur Sichtbarkeit. Manchmal benutzen sie sogar Teile der Luft und erscheinen den Personen, die sie fortwährend belästigen, wirklich sichtbar, obgleich ihre Opfer meistens sehr vorsichtig sind und niemanden erlauben, auch nur zu vermuten, daß sie solche Dämonen um sich haben. Wenigstens ist das so in der westlichen Welt; im südlichen Europa scheint man nicht so feinfühlig zu sein.

Den obigen Forschungen folgend unternahm der Verfasser eine Reihe von Experimenten mit Geistern, die gerade hinübergegangen waren und sich in den höheren Regionen des Äthers befanden, und auch mit solchen, die bereits kürzere oder längere Zeit in der Begierdenwelt waren und fast fertig waren, um in den ersten Himmel einzutreten. Eine Anzahl dieser Geister, die das Erdenleben verlassen hatten, bot sich freundlichst zur Mithilfe an. Der Zweck dieser Experimente war, herauszufinden, wieweit es ihnen möglich ist, sich in die Materie der niederen Äther und sogar in die Materie der gasförmigen Regionen zu kleiden. Es wurde festgestellt, daß jene, die soeben abgeschieden waren, sofort die niederen Ätherschwingungen vertragen konnten; obgleich guten Charakters, mochten sie aber doch nicht länger als unbedingt notwendig dort bleiben, denn sie fühlten sich unbehaglich. Als wir jedoch mit Menschen von den höheren Regionen der Begierdenwelt bis zum ersten Himmel experimentierten, wurde es für sie zunehmend schwieriger, sich in Äther zu kleiden oder dort hinabzusteigen. Die allgemeine Meinung war, daß es wie ein Absteigen in einen tiefen Brunnen war, um dann dort zu ersticken. Außerdem wurde festgestellt, daß es für jemanden in der physischen Welt absolut unmöglich war, sie zu sehen. Wir versuchten jede Art von Suggestion auf Menschen in den Räumen, die wir besuchten, um sie aufzurütteln, so daß sie wenigstens unsere Gegenwart empfinden sollten, aber wir fanden keine Reaktion. In einer Anzahl von Fällen waren die Formen, die wir annahmen, derart verdichtet, daß es dem Verfasser vorkam, als seien sie beinahe so dunkel wie jene physischen Menschen, die wir aufmerksam zu machen versuchten. Wir placierten unsere experimentellen Objekte zwischen die physischen Menschen und das Licht, aber es half alles nichts, wir hatten in keinem Falle Erfolg, weder mit denen, die sich bereits in den höheren Regionen befanden, noch mit solchen, die eben erst hinübergegangen und imstande waren, in der angegebenen Lage und Dichte eine Weile zu verbleiben.

Außer den bereits erwähnten Wesen, die in einem selbstgeschaffenen Sündenkörper leben und deshalb während der Zeit der Sühne für ihre Taten zu leiden haben, fanden wir noch zwei Klassen, die in gewisser Hinsicht ähnlich und doch wieder gänzlich verschieden sind. Neben den göttlichen Hierarchien und den vier Lebenswogen der Geister, die sich in der physischen Welt durch das Mineral-, Pflanzen-, Tier- und Menschenreich entwickeln, gibt es noch andere Lebenswogen, die sich in den verschiedenen unsichtbaren Welten ausdrücken. Unter ihnen gibt es gewisse Klassen von untermenschlichen Geistern, die wir Elementale nennen. Manchmal kommt es vor, daß eines dieser Elementale von dem Sündenkörper eines Menschen aus einem wilden Stamme Besitz ergreift und diesem Wesen besondere Intelligenz verleiht. Bei der Wiederverkörperung des Geistes, der diesen Sündenkörper schuf, bringt die gewöhnliche Anziehungskraft sie zwar wieder zusammen, aber da diesen Sündenkörper ein Elemental beseelt, erscheint dieses Individuum absolut verschieden von den anderen Mitgliedern des Stammes, und wir finden sie dann als Medizinmänner oder in ähnlichen Tätigkeiten. Diese Elementale, welche die Sündenkörper von Indianern beseelen, wirken ebenfalls Kontrollgeister auf Medien, und da sie während des Lebens über das Medium Herrschaft errungen haben, vertreiben es die Elementale bei seinem Tode aus seinen Trägern, welche ihre Lebenserfahrungen besitzen. Das Medium kann dadurch für Zeitalter in der Evolution zurückgehalten werden, denn es gibt keine Gewalt, die diese Geister zwingen könnte, ihre Opfer gehen zu lassen, wenn sie einmal Kontrolle über einen physischen Körper gewonnen haben. Deshalb, obgleich Mediumschaft während der Lebenszeit keinen bösen Schaden anrichtet, besteht doch für diese Person, die anderen Geistern erlaubt hat, ihren Körper zu benutzen, eine sehr, sehr ernste Gefahr nach ihrem Tode. Der Spiritismus hat ein notwendiges Werk in der Welt verrichtet. Vielleicht war er das Hauptmittel, um dem absoluten Materialismus der Wissenschaften Einhalt zu gebieten; er hat Tausenden von Seelen, die sich um das Ableben ihrer Angehörigen grämten, Trost und

Frieden gebracht. Er hat Ungläubige überzeugt, an eine höhere Existenz zu glauben. Wir haben absolut nicht den Wunsch, in abfälliger Weise vom Spiritismus und seinen Helfern zu sprechen, aber wir können nicht unterlassen, einen ernsten Warnruf auszusenden, denn wir empfinden es als unsere Pflicht, auf die ungeheure Gefahr hinzuweisen, der sich jene aussetzen, die fremden Geistern, die sie nicht sehen können und von denen sie nichts wissen, erlauben, ihren Körper zu kontrollieren.

5. Kapitel
Besessenheit von Menschen und Tieren.

Es ist eine sonderbare Tatsache, daß sich untermenschliche Elementale manchmal an gewisse Personen, an eine Familie oder sogar an eine religiöse Gemeinschaft klammern. In solchen Fällen wurde immer gefunden, daß ihr Träger nicht aus dem verhärteten Sündenkörper besteht, welcher aus dem ineinander verketteten Lebens- und Begierdenleib zusammengesetzt ist, sondern daß es der Träger einer Person von durchschnittlich gutem Charakter war, der durch Mediumschaft erlangt wurde. Der Äther dieses Trägers befand sich in einem Zustand des Verfalls. Um diesen aufzuhalten und den Halt an solchen Trägern zu verlängern, verlangen die Elementale von allen, denen sie dienen, regelmäßige Angebote von Nahrungsmitteln sowie Verbrennung von Weihrauch. Obgleich sie natürlich die physische Nahrung nicht assimilieren können, leben sie doch von den davon aufsteigenden Dünsten und Gerüchen, ebenso von den Räuchermitteln.

Dies ist nur ein weiterer Beweis für die Tatsache, daß das Motiv unserer Reinheit uns nicht schützt, wenn wir den Gesetzen Gottes entgegenarbeiten, geradesowenig wie wir verhindern können, daß wir unsere Hand verbrennen, wenn wir sie auf einen heißen Ofen legen, einerlei, warum wir das taten. Aber nichtsdestoweniger fand man in solchen Fällen, wo das Medium von reinen Motiven und hoher religiöser Ergebenheit erfüllt war, daß es für ein solch übles Wesen äußerst schwierig war, deren Lebenszeit für längere Zeit zu fesseln; sie werden bald der Anstrengungen müde und suchen sich ein anderes Opfer, welches mehr in Einklang mit ihrer Natur ist. Aus diesem Grunde gibt es in Südeuropa und im fernen Osten Elementale, die von den Lebensleibern einer Familie, Generation für Generation, Besitz ergreifen; sie verlassen eine nach der anderen und leisten der Familie gewisse Dienste für die Gegenleistung von Nahrungsmitteln, die man ihnen gewöhnlich zu regelmäßigen Zeiten anbietet. Manche von ihnen sind so niedrig und so gemein, daß sie nicht mehr mit Nahrungsmitteln zufrieden sind, sondern sie verlangen Blut, sogar menschliches Blut. Diese Wesen sind für solche Stämme wie die Kopfjäger auf den Philippinen und die Würger von Indien verantwortlich, welche Morde aus religiösen Beweggründen begehen. Hier ist ebenfalls der Grund für die Ahnenverehrung im fernen Osten zu suchen.

Diese sowie die Sündenkörper, die nicht von einer äußeren Intelligenz besessen waren, nannte man „Hüter der Schwelle", einfach aus dem Grunde, weil sich dieser Dämon nach der Wiederverkörperung der Person, von der er ursprünglich geschaffen wurde, an sie klammerte und zu ihrem Versucher und Teufel während ihres ganzen Lebens wurde. Nicht selten aber fand man, daß sich ein Mensch, der in einem Leben einen solchen Dämon erzeugte, die Lehre dieses Lebens so sehr zu Herzen genommen hatte, daß seine Schuld in der Fegefeuerexistenz gesühnt wurde. Wenn er jedoch wiederverkörpert wurde und aus ganzer

Seele versuchte, ein reines, aufrichtiges und ehrliches Leben zu führen, war trotzdem dieser Sündenkörper wieder in seiner Nähe, um ihn zu Fall zu bringen. Mancher der so Geschädigten war in seinen Bestrebungen so ernsthaft, daß er in ein Kloster eintrat und seinen Körper grausamen Kasteiungen unterwarf, in der Meinung, daß der Dämon, dessen Anwesenheit er sich bewußt war und der ihn belästigte, der Teufel oder dessen Abgesandter sei.

Der Ausspruch, daß der Knabe der Vater des Mannes ist, ist wirklich wahr. In ähnlichem Sinne sind unsere voraufgegangenen Existenzen die Erzeuger unserer gegenwärtigen und zukünftigen Leben und in diesem Sinne ist es auch gewiß, daß „die Sünden der Väter an den Kindern heimgesucht" werden. Es läßt sich nicht verneinen, daß dies gerecht ist, denn die Taten, die von den Menschen verübt wurden, die solche Sündenkörper schufen, waren so gräßlich, wie man es sich kaum vorstellen kann. Man sagt, daß eine Bulldogge das, was sie einmal angefaßt hat, nicht mehr losläßt. Das setzt voraus, daß sie die Kraft hat, dies zu tun, wenn sie es will. Anders ist es mit einer Schlange; ihre Zähne sind nach rückwärts gerichtet, so daß sie, wenn sie einmal ihre Zähne in das Fleisch ihres Opfers gesenkt hat, nicht mehr loslassen kann, sie muß es zwangsweise verschlingen. Ähnlich verhält es sich im Falle von Besessenheit. Wir erinnern uns, daß der Verfasser stets festgestellt hat, daß die Kontrollgeister außerhalb, hinter dem Körper ihrer Opfer stehen und von dort aus die Sprechorgane und den ganzen Körper handhaben, je nachdem, wie nun der Fall gerade sein mag. Vor und in dem Kleinhirn sowie in der medulla oblongata (Verlängerung desselben), dort, wo die Flamme des Lebens brennt, ertönt ein doppeltes summendes Geräusch, das aus zwei Tönen besteht; dies deutet auf den Unwillen des Körpers hin, den Manipulationen des Eindringlings zu gehorchen.

Unsere letzten Forschungen haben jedoch die Tatsache enthüllt, daß die Kontrollgeister, die ihre Opfer von außen her beherrschen, sehr schlau sind, denn auf diese Weise schützen sie sich davor, in eine Falle zu geraten. Wenn sie außerhalb des Körpers bleiben, können sie ihr Opfer jederzeit, wann sie wollen, freilassen, damit es seinem täglichen Leben nachgehen kann, während sie dasselbe tun. Es gibt jedoch andere Geister, die nicht so klug sind oder vielleicht waghalsiger oder voreiliger in ihrem Bemühen, in die physische Welt einzudringen, und die dadurch alle Vorsicht beiseite lassen. Wenn diese dann in den Körper eines Opfers eindringen, befinden sie sich in derselben Lage wie die Schlange; der Körper ihres beabsichtigten Opfers klammert sich derartig fest an sie, daß sie unter gewöhnlichen Umständen gar nicht mehr von ihm loskommen können. Solche Besessenheit ist dann dauernd und die ganze Persönlichkeit des Opfers unterliegt einem Wandel.

Wenn der besitzergreifende Geist ein Elemental oder ein untermenschliches Wesen ist, das nicht fähig ist, den Verstand oder den Kehlkopf seines Opfers zu benutzen, wird diese Person hoffnungslos wahnsinnig, nicht selten von böswilliger Natur. Auch die Sprachorgane sind dann behindert. Es ist fast unmöglich, solch ein Wesen auszutreiben, wenn es einmal Fuß gefaßt hat. Nachforschungen in früheren Leben haben ergeben, daß eine derartige Beschädigung meistens das Resultat eines Bestrebens war, vor den Erfahrungen des Lebens davonzulaufen; es wurde oft gefunden, daß Personen, die derart besessen waren, in einem Vorleben Selbstmord begangen hatten. Sie hatten einen Körper, den sie nicht zu würdigen wußten; als Konsequenz wurde ihre Mentalität in einem späteren Leben entweder durch eine organische Krankheit, durch einen großen Schock oder durch Besessenheit geschwächt. In allen solchen Fällen, wo der Geist aus dem Körper vertrieben wurde, hing er ihm doch noch immer an, stets bemüht, wieder Besitz von ihm zu ergreifen. Aber mangels eines Intellekts, womit er diese Gedanken auf das Gehirn konzentrieren konnte, war er unfähig, das zu tun, oder auch deshalb, weil sein Körper von einer fremden Wesenheit besessen war.

Kummer und Enttäuschungen sind gewöhnlich die Ursache von Selbstmord, und oft fand man, daß ein großer Kummer den Geist verwirrt hatte. Aber dieser Geist ist trotzdem völlig imstande, seine Lage zu verstehen, obgleich er aus Mangel an Konzentrationsfähigkeit nicht fähig ist, seine Träger richtig zu gebrauchen. Wenn er sich dann fallen ließ und einen Ausweg durch Selbstmord suchte, muß er auf die vorerwähnte Art lernen, den Wert seines Körpers zu schätzen, so daß keine künftige Versuchung ihn je wieder dazu veranlassen wird, die Silberschnur mutwillig zu zerreißen. Tatsächlich werden solche Personen dann oft durch Kummer immer wieder versucht; wenn sie dann widerstehen, beweisen sie, daß sie gegen solche Versuchungen immun geworden sind. Es scheint dasselbe Prinzip zu sein, nach welchem ein Trinker aus einem früheren Leben wieder und wieder verleitet wird zu trinken, damit er beweisen kann, daß er die Schwäche überwunden hat und nun standhaft geworden ist.

Es ist sonderbar, daß das Begehen von Selbstmord in einem Leben und das darauffolgende Leid während der Zeit, solange die Urtype noch besteht, oft in solchen Menschen im nächsten Leben eine panische Angst vor dem Tode erzeugt. Wenn dieses natürliche Ereignis dann wirklich eintritt, scheinen sie außer sich zu sein, daß sie den Körper verlassen haben; sie sind dann so versessen darauf, wieder in die physische Welt zurückzukehren, daß sie oft in der dümmsten und unbedachtesten Weise das Verbrechen der Besessenheit begehen. Da jedoch nicht immer negative menschliche Wesen für die Besitzergreifung zu haben sind und es auch nicht sicher ist, daß die Person, die eine solche Chance sucht, sie auch findet, geschieht manchmal etwas Sonderbares, Furchtbares, nämlich, daß solch ein Geist dann den Eigentümer eines Tierkörpers austreibt und von diesem Träger Besitz ergreift. Dann ist er in der schrecklichen Lage, eine einfache Tierexistenz zu leben. Wird dieses Tier von seinem Herrn grausam behandelt, dann leidet der innewohnende menschliche Geist genauso, wie der Tiergeist gelitten haben würde. Wenn das Tier für Nahrungszwecke getötet werden sollte, dann sieht und versteht der Mensch in ihm alle Vorbereitungen zum Schlachten und er muß die schrecklichen Erfahrungen, die damit verbunden sind, machen. Solche Fälle sind nicht selten; tatsächlich ereignen sie sich oft, wie sich der Verfasser bei dem notgedrungenen Besuch eines der großen Schlachthäuser in Chikago selbst überzeugen mußte. Die Erkenntnis dieser ihm gänzlich neuen Tatsache, hat ihm in einer sehr peinigenden Weise gezeigt, wie wichtig es ist, die Menschen darüber aufzuklären, daß Tod und Geburt ein sich oft wiederholendes Ereignis im endlosen Leben des unsterblichen Geistes ist.

Der volle Glaube an diese Lehre würde der Menschheit unaussprechliches Leid ersparen und wir sollten alles tun, was in unserer Macht steht, um dieses Evangelium des Lebens zu verbreiten.

Oft kommt es auch vor, daß sich ein böser Mensch in einem Raubtier verkörpert und es bereitet ihm dann eine diebische Freude, ganze Gemeinden in Schrecken zu versetzen. Als Christus auf Erden wandelte, kamen solche Besessenheiten durch menschliche Geister täglich vor und die Vorfälle, von denen die Bibel berichtet, sind absolut keine Märchen oder Dummheiten, denn jedermann, der die geistige Sicht hat und fähig ist, im Gedächtnis der Natur zu lesen, kann finden, daß diese Dinge tatsächlich geschehen sind. Das ist auch der Grund, warum die Seher vergangener Zeiten, die immer wieder den Eintritt von Menschen mit niederen und bösen Charakteren nach ihrem Tode in dem Körper von Bestien beobachteten, dachten, daß dies ein regelrechter Gang der Natur und nicht ein außergewöhnlicher Zustand sei und deshalb formulierten sie die Lehre von der Seelenwanderung.

6. Kapitel
Die Schaffung unserer Umgebung - Die Entstehung geistigen und physischen Unvermögens

Es ist eine Tatsache, die auch der oberflächliche Beobachter leicht erkennen kann, daß Tiere unter gleichen Umständen gleich handeln, weil sie von einem Gruppengeist geleitet werden. Der menschliche Geist tut dies jedoch nicht. Bei den Menschen gibt es so viele Arten wie es Individuen gibt. Ein jeder hat sein eigenes Gesetz. Wir können nie nach der Handlungsweise des einen voraussagen, wie ein anderer unter den gleichen Umständen handeln würde; selbst das gleiche Individuum würde zu einer anderen Zeit sehr wahrscheinlich anders handeln. Daher ist es sehr schwierig, eine Abhandlung wie „Das Schicksalsgewebe" auszuarbeiten oder richtig zu beleuchten, wenn man nur mit so wenig Intellekt ausgestattet ist wie die gegenwärtige Menschheit. Um diesen Gegenstand völlig zu verstehen, würde die Weisheit solcher großen Wesen, wie die berichterstattenden Engel es sind, vonnöten sein, denen dieser verwickelte Teil unseres Lebens untersteht.

Man braucht aber durchaus nicht zu denken, daß der Verfasser in diesem Buch nur seine flüchtige Ansicht darüber gibt, wie das Schicksalsgewebe geknüpft wird und wie es wieder aufgelöst werden kann. Jede Handlung eines jeden Individuums ruft im Universum eine gewisse Schwingung hervor, die sich auf es und andere in seiner Umgebung auswirkt; kein menschliches Hirn könnte in einigen kurzen Monaten, Jahren oder Leben die Resultate solcher Handlungen und deren Rückwirkungen weder beobachten noch klassifizieren. Aber wir haben versucht, den allgemeinen Eindruck, der sich durch das Studium der in der Vergangenheit geschaffenen Ursachen und deren Wirkungen im gegenwärtigen Leben auf unser Hirn eingeprägt hat, zu klassifizieren. Im Laufe dieses Studiums wurden mehrere hundert Personen unseren Forschungen unterzogen, und in einigen Fällen sind wir drei, vier und sogar mehr Leben zurückgegangen, um der Sache auf den Grund zu kommen um festzustellen, wie die Handlungen der Vergangenheit die Verhältnisse im gegenwärtigen Leben geschaffen haben. Aber, obgleich wir unser Bestes unter diesen Umständen getan haben, möchten wir doch unsere Leser bitten, dies nicht als irgendwelche autoritativen Schlüsse in der Angelegenheit zu betrachten, sondern eher als einen Fingerzeig, von dem wir hoffen, daß er dazu beitragen möge, gewisse Probleme zu lösen.

Was die Umgebung betrifft, so hat es den Anschein, als wenn die Menschen, die eine besonders schwierige Natur haben, mit denen schwer fertig zu werden ist und die ein hartes Leben vor sich haben, oft unter Fremden geboren werden, wo sie keine Sympathie finden und wo ihr Leid auf ihre nächsten Verwandten dem Fleische nach keinen besonderen Eindruck macht. Oder aber sie werden früh verwaist, von ihren Eltern verlassen oder sie laufen in ihrer Jugend von daheim fort. Wo dies der Fall ist, hungert die Seele oft nach Sympathie, die sie in früheren Leben anderen vorenthalten hat. Wir haben auch Fälle gefunden, wo gewisse Personen die scheußlichsten Übertretungen begangen und dadurch über ihre Familie Schande und Unehre gebracht haben, die tief darunter litt, weil sie den Unhold liebte. In dem Leben, wo diese irrende Seele die begangenen Schandtaten wieder gutmachen sollte, fand sie sich in einer gänzlich unsympathischen Umgebung, wo sie nach der Liebe hungerte und dürstete, die sie im früheren Leben verschmäht hatte. Dadurch wurde ihr Los nur noch schwerer. Wenn dieser Mensch seine Lektion nicht in einem Leben lernt, dann werden mehrere Existenzen unter ähnlichen Verhältnissen ihn lehren, denen mit Sympathie zu begegnen, die ihn lieben, und er wird es auch lernen, ehrlich und rechtschaffen an anderen zu handeln.

Wir fanden auch, daß ein Mensch oft in früheren Leben auf Abwege kam aus Mangel an gütigem Einfluß von seiten seiner Familie, die ihm ihre Loyalität, Unterstützung und Liebe hätte geben sollen. Der Mangel an solcher sympathischen Umgebung entschuldigte nach dem Gesetze natürlich nicht seine Schandtaten und in späteren Leben wurde er gezwungen, für diese zu büßen. Aber in diesen Fällen war es dann meistens umgekehrt; die Familie, die ihn im früheren Leben so lieblos behandelt hatte, verhätschelte ihn nun und fühlte dadurch all seinen Kummer und das Leid, das er wegen der Vergangenheit nun zu büßen hat, im tiefsten Innern mit ihm. Somit büßten sie ihrerseits dafür, daß sie ihn aus Mangel an Sympathie zu dem gemacht hatten, was er nun war.

Dies sind extreme Fälle; aber natürlicherweise kann man in Fällen, die nicht markant sind, keine Schlüsse ziehen und keine deutlichen Lektionen erkennen. Je eindeutiger die Ereignisse hervortreten, desto leichter ist es, sie zu klassifizieren. Das Gesetz, welches in extremen Fällen wirkt, würde auch in geringeren Fällen anwendbar sein, natürlich mit gewissen Einschränkungen, soweit es die Wahl der Umgebung betrifft.

Diese Tatsachen zeigen uns deutlich, daß wir wahrhaftig unseres Bruders Hüter sind, und daß jeder einzelne von uns solchen, die unglücklich sind, alle Liebe und Güte, deren wir fähig sind, entgegenbringen sollte, einerlei, ob sie zu unserer Familie gehören oder nicht. Vom Standpunkt unserer gegenwärtigen Verkörperung aus erscheint es oft so, als wenn wir keine Verantwortung für ein sogenanntes schwarzes Schaf in unserer Familie hätten. Wenn wir aber hinter den Schleier schauen und das größere Leben betrachten könnten, würden wir wahrscheinlich finden, daß wir dazu beigetragen haben, daß diese Seele so tief sank.

Oft hört man den Ausdruck, daß dieser oder jener ein Sonderling in einer bestimmten Familie ist. Fast immer können wir annehmen, daß diese arme, so bezeichnete Seele ein absoluter Fremdling zwischen fremden Menschen ist und nun während ihres ganzen Lebens wegen früher begangener Missetaten dort aushalten muß. Ein altes Sprichwort sagt: „Blut ist dicker als Wasser." Tatsache jedoch ist, daß die Bande des Blutes keinen Einfluß haben, außer wenn die Geister einer Familie durch Liebe oder Haß aus der Vergangenheit zusammengeschweißt sind, was ihre Verwandtschaft im gegenwärtigen Leben bestimmt. Eine Seele mag in das Fleisch einer gewissen Familie gekleidet sein, sie mag an ihrem Tische sitzen und ein gesetzliches Recht auf einen Teil des Familienvermögens haben, und doch mag sie für diese ein Fremdling sein so wie ein Landstreicher, der in der Küche um eine Mahlzeit bettelt. Wir erinnern uns, daß Christus sagte: „Denn ich bin hungrig gewesen, und ihr habt mich gespeist. Ich bin durstig gewesen, und ihr habt mich getränkt. Ich bin ein Gast gewesen, und ihr habt mich beherbergt." Und dann: „Was ihr getan habt einem unter diesen meinen geringsten Brüdern, das habt ihr mir getan." Wenn wir einen solchen Sonderling finden, der fremd und einsam in seiner Umgebung ist, dann sollten wir uns als Christen bemühen, dem Beispiele des Herrn zu folgen, diesem Sonderling ein Heim geben und seine Bekanntschaft pflegen um Christi willen, einerlei, welcher Art seine Sonderlichkeiten auch sein mögen.

Das Unvermögen, unter dem die Menschheit leidet, kann man in zwei große Klassen einteilen, in geistiges und physisches. Die geistigen Schwierigkeiten sind, wenn angeboren, gewöhnlich auf den Mißbrauch der schöpferischen Funktionen zurückzuführen, mit einer Ausnahme, auf die wir später zurückkommen werden. Dasselbe trifft bei der Beschädigung der Sprachfähigkeit zu. Das ist logisch und leicht zu verstehen. Das Gehirn und der Kehlkopf wurden durch die Engel mit der Hälfte der schöpferischen Kraft gebaut, so daß der Mensch, welcher vor dem Besitz dieser Organe zweigeschlechtlich und fähig war, sich selbst fortzupflanzen, diese Fähigkeit verlor, als diese beiden Organe geschaffen wurden, und er ist von dieser Zeit ab auf die Mithilfe eines anderen von der gegenseitigen Polarität des Geschlechts angewiesen, um einen neuen Körper für einen sich inkarnierenden Geist zu zeugen.

Wenn wir das geistige Auge gebrauchen, um im Gedächtnis der Natur auf den Menschen jener Zeit zu schauen, als er noch im Werden war, finden wir, daß dort, wo heute ein Nerv liegt, ein Begierdenstrom war, daß das Gehirn in erster Linie selbst aus Begierdenstoff war, desgleichen auch der Kehlkopf. Es war die Begierde, die zuerst einen bewegenden Impuls durch das Hirn sandte und diese Nervenströme schaffte, so daß der Körper sich bewegen und dem Geist jede Befriedigung verschaffen konnte, die durch die Begierde angezeigt war. Auch die Sprache wird dazu gebraucht, um einen begehrten Gegenstand oder ein gewisses Ziel zu erreichen. Durch diese Fähigkeiten hat der Mensch eine gewisse Meisterschaft über die Welt erlangt, und wenn er nun einfach von einem Körper zum andern flattern könnte, dann würde der Mißbrauch dieser Kraft, jeden kleinen Wunsch und jede Begierde zu befriedigen, kein Ende nehmen. Aber unter dem Gesetz von Ursache und

Wirkung bringt der Mensch in seinem neuen Körper Fähigkeiten und Organe mit, ähnlich denen, die er zurückgelassen hat. Wenn sein Körper in einem Leben durch Leidenschaft zu einem Wrack gemacht wurde, wurde das in seinem Keimatom eingeätzt. Bei seiner Wiederverkörperung ist es ihm deshalb unmöglich, gutes Material, mit dem er ein gutes Hirn bauen kann, an sich zu ziehen. Dann wird er gewöhnlich unter einem gemeinschaftlichen Zeichen wiedergeboren, und meistens auch mit gemeinschaftlichen Zeichen an den vier Eckhäusern. Durch diese Zeichen ist es schwierig, leidenschaftliche Begierden auszudrücken. Der machtvolle Impuls, der zuvor in seinem Hirn vorherrschte und welcher zur Verjüngung gebraucht werden sollte, ist nicht da - es ist kein Antrieb in seinem Leben vorhanden, er wird hilflos -, wie ein Stück Holz treibt er auf dem Ozean des Lebens und oft wird er auch irrsinnig.

Der Geist aber ist nicht irrsinnig, er sieht, weiß und hat den starken Wunsch, seinen Körper zu gebrauchen, obgleich das für ihn unmöglich ist, denn oft genug kann er nicht einmal den richtigen Impuls durch die Nerven leiten. Die Muskeln des Gesichts und des Körpers sind deshalb nicht unter der Kontrolle seines Willens. Dies zeugt von dem Unvermögen, die Dinge ins richtige Verhältnis zu bringen, was dem Wahnsinnigen oft ein mitleiderregendes Aussehen gibt. Und so lernt der Geist seine schwerste Lektion im Leben, nämlich daß es schlimmer ist als der Tod, wenn man an einen lebenden Körper gebunden ist, unfähig, sich auszudrücken, da die zum Denken, Sprechen und Bewegen erforderliche Begierdenkraft im vorhergehenden Leben durch eine falsche Lebensweise vergeudet wurde und so der Geist in seinem gegenwärtigen Leben ohne die nötige Energie dasteht, um seinen gegenwärtigen physischen Körper zu regieren.

7. Kapitel
Die Ursache der Krankheit
Bemühungen des Egos, seinem Körper zu entschlüpfen
Wirkungen der Lüsternheit

Obgleich geistiges Unvermögen, wenn es angeboren ist, gewöhnlich auf den Mißbrauch der schöpferischen Funktion in einem Vorleben zurückzuführen ist, gibt es doch eine bemerkenswerte Ausnahme von dieser Regel, nämlich solche Fälle, wie sie in der „Weltanschauung der Rosenkreuzer" und anderweitig in unserer Literatur erwähnt sind, und wie folgt beschrieben werden: Wenn ein Ego, das ein besonders schweres Leben vor sich hat, zur Wiederverkörperung kommt und beim Eintritt in die Gebärmutter das Panorama des kommenden Lebens sieht und fühlt, daß dieses Leben zu schwer zu ertragen ist, dann versucht es zuweilen, der Schule des Lebens zu entfliehen. Zu dieser Zeit haben aber die berichterstattenden Engel oder ihre Vertreter bereits die Verbindung zwischen dem Lebensleib und den Sinneszentren des Gehirns in dem sich bildenden Fötus hergestellt. Darum wird der Versuch des Geistes, sich der Gebärmutter zu entziehen, verhindert. Dieser Ruck, den das Ego verursachte, bringt jedoch die Verbindung zwischen den ätherischen und den physischen Sinneszentren in Unordnung, so daß der Lebensleib mit dem physischen Körper nicht mehr konzentrisch ist und der ätherische Kopf über den physischen Schädel hinausragt. Dadurch wird es dem Geiste unmöglich, seinen dichten Körper zu gebrauchen; er ist an einen vernunftlosen Körper gebunden und diese Verkörperung ist praktisch vergeudet.

Man findet auch Fälle, wo ein schwerer Schock im späteren Leben den Geist in Versuchung bringt, mit seinen unsichtbaren Trägern zu entfliehen. Das Resultat ist, daß in den ätherischen Sinneszentren im Gehirn ein ähnlicher Ruck erfolgt und daß dadurch die Ausdrucksfähigkeit des Intellekts gestört wird. Wahrscheinlich hat mancher bereits eine ähnliche Empfindung gehabt bei einem furchtbaren Schreck - einen Drang, als ob etwas sich bemühte, aus dem physischen Träger herauszukommen. Das ist der Begierden- und der Lebensleib, die in ihren Bewegungen so schnell sind, daß vergleichsweise ein Expreßzug mit einem Schneckentempo verglichen werden könnte. Sie sehen und fühlen die Gefahr und fürchten sich, bevor die Panik dem trägen und langsamen physischen Körper, in dem sie verankert sind, übermittelt ist, und dieser kann nur unter großer Anstrengung ihr Entschlüpfen verhindern.

Manchmal jedoch sind, wie gesagt, der Schock und die Furcht stark genug, um ihnen einen derartigen Stoß zu versetzen, daß die ätherischen Sinneszentren zerrüttet werden. Das ereignet sich sehr oft bei Menschen, die unter den Gemeinschaftszeichen, welche die schwächsten im Zodiak sind, geboren wurden. Aber so wie eine Sehne, die verzerrt wurde und vielleicht gerissen ist, allmählich wieder eine verhältnismäßig gute Elastizität zurückgewinnen kann, so ist es auch in diesen Fällen leichter, die geistigen Fähigkeiten wiederherzustellen, als in solchen, wo angeborener Irrsinn, vom vergangenen Leben mit herübergebracht, die unzulängliche Verbindung verursachte.

Es wurde festgestellt, daß Hysterie, Epilepsie, Tuberkulose und Krebs von den zügellosen Neigungen eines Vorlebens herrührten. Bei vielen Menschen, deren Vorleben nachgeprüft wurde, fand man, daß die meisten sich fast einer Manie gleich der Befriedigung ihrer Lüsternheit hingegeben hatten, zu gleicher Zeit aber von einer religiösen, höchst frommen Natur waren. In solchen Fällen scheint es, als ob der physische Träger, der im gegenwärtigen Leben geschaffen wurde, völlig gesund war und ihr Unvermögen gänzlich auf geistiger Ebene lag. Wenn in anderen Fällen Sinnlichkeit mit einem niederen Charakter und einer gefühllosen Geringschätzung anderer verbunden war, so war Epilepsie, zusammen mit Rachitis, Hysterie und einem mißgestalteten Körper, das gegenwärtige Resultat, oft auch Krebs, und zwar hauptsächlich Leber- oder Brustkrebs.

Wir möchten jedoch wieder unsere Leser warnen, in dieser Beziehung keine voreiligen Schlüsse zu ziehen, denn es gibt hier keine feststehenden Regeln. Obgleich eine große Anzahl von Untersuchungen der verschiedensten Fälle gemacht wurden, so ist dies für einen einzelnen Forscher doch ein sehr mühevolles Unternehmen, sind es doch zu wenige im Verhältnis zu den Millionen menschlichen Wesen, um zu endgültigen Schlüssen zu gelangen. Die erwähnten stehen jedoch in Einklang mit den Lehren, die uns die Älteren Brüder in der „Weltanschauung der Rosenkreuzer" gegeben haben hinsichtlich der Auswirkung des Materialismus, der Rachitis, die Erweichung eines Körperteils, der hart sein sollte, oder Tuberkulose, welche die Gewebe, die weich und geschmeidig bleiben sollten, verhärtet, hervorbringt. Im Grunde genommen ist Krebs in seiner Wirkung ähnlich, und wenn wir in Betracht ziehen, daß das Zeichen Krebs durch den Mond, den Planeten der Zeugung, regiert wird und daß diese Mondsphäre unter der Macht Jehovas, dem Gott der schöpferischen Kraft steht, dessen Engel z. B. die Geburten von Isaak, Samuel, Johannes dem Täufer und Jesus vorher ankündigten und darüber wachten, dann sehen wir klar, daß der Mißbrauch der Zeugungskraft beides, Krebs und Irrsinn in den allerverschiedensten Formen verursachen kann.

Daher scheint es bei physischen Abnormitäten und Verunstaltungen die Regel zu sein, daß die physische Befriedigung der Leidenschaften auf den geistigen Zustand zurückwirkt, und daß der Mißbrauch der geistigen Kräfte in einem Leben zu physischen Unfähigkeiten in späteren Verkörperungen führt. Ein okkultes Sprichwort sagt: „Eine Lüge bedeutet in der Begierdenwelt beides, Mord und Selbstmord." Die Lehren, die uns die Älteren Brüder gegeben haben, erklären, daß durch jede Handlung eine entsprechende Gedankenform geschaffen wird, die in der unsichtbaren Welt einen Bericht von dem Vorgang gibt. Jedesmal, wenn über das Ereignis gesprochen oder eine Bemerkung darüber gemacht wird, entsteht eine neue Gedankenform, die sich mit der ersteren vereinigt und sie stärkt, vorausgesetzt, daß sie beide wahr und von derselben Schwingung sind. Wird jedoch über das Ereignis eine Unwahrheit gesagt, dann sind die Schwingungen des Originals und diejenigen der Wiederholung nicht in Einklang miteinander, sie zerren und reiben sich aneinander. Wenn die gute und wahre Gedankenform stark genug ist, so wird sie die andere Gedankenform, die auf einer Lüge basiert, zerstören und das Gute wird das Böse überwinden. Wenn aber die Lügen und heimtückischen Gedanken die stärkeren sind, so können sie die gute Gedankenform überwinden und zerstören. Später werden sie sich untereinander reißen und zerren, bis sie endlich ausgelöscht sind.

Danach wird eine Person, die ein reines Leben führt und sich bemüht, Gottes Gesetzen zu gehorchen und die aufrichtig nach Wahrheit und Gerechtigkeit strebt, Gedankenformen von gleicher Natur um sich herum schaffen; ihre Gedanken werden gewohnheitsgemäß solche sein, die mit der Wahrheit harmonieren. Wenn es dann an der Zeit ist, im zweiten Himmel eine Urtype für das kommende Leben zu bauen, dann wird sie sich intuitiv, gewohnheitsgemäß vom vorausgegangenen Leben her, mit den Kräften der Gerechtigkeit und Wahrheit verbinden. Diese Kräfte, die in den Körper eingebaut wurden, werden in dem neuen Träger Harmonie verursachen und Gesundheit wird die natürliche Folge im kommenden Leben sein. Andererseits werden diejenigen, die im Vorleben einen falschen Standpunkt hatten, sich um die Wahrheit nicht kümmerten und List und äußerste Selbstsucht gegenüber den anderen an den Tag legten, auch im zweiten Himmel die Dinge unwahr und verzerrt sehen, weil dies ihr gewohnheitsmäßiger Gedankengang war. Deshalb wird die Urtype, die sie bauen, Irrtümer und Falschheit aufweisen und dementsprechend wird der Körper, wenn er zur Geburt kommt, in verschiedenen Organen Schwächen, wenn nicht gar vollkommene Verkrüppelung aufweisen.

Jedoch möchten wir unsere Leser erneut warnen, keine voreiligen Schlüsse aus diesen versuchsweise angenommenen Regeln zu ziehen. Wir wollen nicht behaupten, daß jeder, der einen einigermaßen gesunden Körper hat, im vergangenen Leben ein Muster an Tugend, und derjenige, der an irgendeiner Schwäche leidet, ein Taugenichts gewesen sei. In der gegenwärtigen Zeit ist niemand von uns fähig, „die ganze Wahrheit und nichts als die Wahrheit" zu sagen. Wir werden getäuscht, weil unsere Sinne uns irreführen. Eine lange Straße wirkt in der Ferne schmäler, während sie doch tatsächlich, eine Meile entfernt, genauso breit ist wie dort, wo wir stehen. Sonne und Mond erscheinen uns nahe dem Horizont viel größer als wenn sie in Himmelsmitte stehen, während wir doch genau wissen, daß sie tatsächlich nicht an Größe zunehmen, wenn sie sich dem Horizont nähern, oder verlieren, wenn sie zur Himmelsmitte aufsteigen. So haben wir fortwährend Zugeständnisse zu machen und unsere Sinnestäuschungen zu berichtigen. Ähnlich ist es mit allen anderen Dingen in der

Welt. Was wahr zu sein scheint, ist nicht immer wahr, und was uns heute, unseren Lebensbegriffen entsprechend, als wahr erscheint, kann sich morgen ändern. Deshalb ist es für uns unmöglich, unter den veränderlichen und illusorischen Zuständen in der physischen Welt die volle Wahrheit zu erkennen.

Nur wenn wir die höheren Regionen betreten, besonders die Region der konkreten Gedanken, können wir die ewige Wahrheit erfassen; bis dahin müssen wir notgedrungen immer wieder Fehler machen, selbst bei unseren ernsthaftesten Bemühungen, immer und überall die Wahrheit zu erkennen und zu sagen. Aus diesem Grunde ist es uns auch unmöglich, ein absolut harmonisches Instrument zu bauen. Wäre das möglich, dann wäre ein derartiger Körper wahrlich unsterblich, aber wir wissen, daß Unsterblichkeit des Fleisches nicht Gottes Absicht ist, denn Paulus sagte, daß „Fleisch und Blut nicht das Reich Gottes erben können."

Ebenfalls wissen wir, daß sogar heute noch ein sehr kleiner Prozentsatz der Menschheit wirklich bereit ist, der Wahrheit gemäß, wie sie sie sehen, zu leben und sich vor allen Menschen durch Dienst und durch ein ehrliches, aufrichtiges, reines Leben zu ihr zu bekennen. Wir können auch verstehen, daß es in vergangenen Zeiten, als der Mensch noch keinen Altruismus entwickelt hatte, der sich auf unserem Planeten erst mit der Ankunft unseres Herrn und Erlösers Christus Jesus zeigte, nur ganz wenige Menschen gewesen sein mußten, die ein reines Leben führten. Der Standard der Moralität war damals weit niedriger, und Liebe zur Wahrheit gab es bei dem größten Teil der Menschheit fast gar nicht; sie alle waren viel zu viel damit beschäftigt, soviel Reichtümer oder Macht und Ansehen wie möglich zu gewinnen. Daher waren sie natürlich auch geneigt, die Interessen anderer zu mißachten, und Lügen zu erzählen schien ihnen in keiner Weise verwerflich, manchmal sogar ein Verdienst zu sein.

Infolgedessen waren die Urtypen voller Schwächen und die organischen Funktionen des Körpers werden heute in nicht geringer Weise gestört sein, ganz besonders deshalb, weil die westlichen Körper wegen des wachsenden Bewußtseins des Geistes immer sensitiver für Schmerzen werden.

8. Kapitel
Die Christusstrahlen als der „innere Drang" - Ätherisches Hellsehen - Gemeinschaftliches Schicksal

Die Früchte jedes vergangenen Lebens werden assimiliert, bevor der Geist zur Wiederverkörperung herabsteigt; infolgedessen ist der geschaffene Charakter vollständig geformt und kommt in dem feinen, beweglichen Gedankenstoff der Region der konkreten Gedanken, wo die Urtype des kommenden festen Körpers gebaut wird, gleich zum Ausdruck. Wenn der Geist, der eine neue Verkörperung sucht, Musik liebte, wird er bestrebt sein, ein vollkommenes Ohr mit den genau eingestellten halbkreisförmigen Kanälen und mit sehr dünnen und für Schwingungen sensitiven Ampullae zu bauen; er wird darnach trachten, lange und schlanke Finger zu bilden, mit denen er die himmlischen Akkorde, die sein Ohr auffängt, ausfahren kann. Wenn er jedoch Musik verabscheute, wenn er im vergangenen Leben sein Ohr für den Klang der Freude sowohl wie für das Schluchzen des Kummers verschloß, so würde der so ausgedrückte Wunsch, sich von anderen abzuschließen, verursachen, daß er beim Bauen der Urtype sein Ohr vernachlässigt und folglich würde dieses Organ, entsprechend dem Grade der Vernachlässigung des Charakters in der voraufgegangenen Existenz, Defekte aufweisen.

Ebenso ist es mit den anderen Sinnesorganen. Wer aus dem Quell des Wissens trinkt und sich bemüht, sein Wissen mit dem Nächsten zu teilen, legt damit den Grundstein für Redekunst in einem zukünftigen Leben, weil der Wunsch, Wissen weiterzugehen, ihn dazu veranlassen würde, beim Bau der Urtype des kommenden Körpers ganz besondere Aufmerksamkeit auf die Bildung und Kraft der Sprech-Organe zu verwenden. Andererseits vernachlässigen jene den Bau eines hinreichenden Organs des Ausdrucks, die sich bemühten, sich die Mysterien des Lebens aus bloßer Neugier anzueignen oder um ihren eigenen stolzen Intellekt zu befriedigen. Daher findet man diese mit schwachen Stimmen oder mit Sprachfehlern. Auf diese Weise lernen sie, daß Ausdrucksweise ein wertvoller Besitz ist. Wenngleich das Gehirn eines derart Beschädigten die Lehre nicht zu erfassen vermag, so lernt der Geist doch, daß wir strikte dafür verantwortlich sind, wie wir unsere Talente gebrauchen, und eines Tages und irgendwie müssen wir einmal die Strafe dafür bezahlen, wenn wir versäumen, das Wort des Lebens zu sprechen, um Licht auf den Pfad unserer Brüder und Schwestern zu werfen, obwohl wir durch Kenntnisse dazu befähigt sind.

Betreffs des Mangels an Sehvermögen oder Untauglichkeit der Augen ist es den Forschern längst bekannt, daß dies eine Folge von äußerster Grausamkeit im früheren Leben ist. Kürzlich vorgenommene Forschungen haben weiter erwiesen, daß viele der jetzt vorkommenden Augenbeschwerden der Tatsache zuzuschreiben sind, daß sich unsere Augen verändern; sie stellen sich tatsächlich auf eine höhere Oktave des Sehens ein, weil der Äther, der die Erde umgibt, sich mehr und mehr verdichtet und die Luft dünner wird. Das trifft besonders in gewissen Teilen der Welt, darunter auch Südkalifornien, zu.

In diesem Zusammenhang ist es bemerkenswert, daß sich das Nordlicht immer häufiger und in seiner Wirkung auf die Erde machtvoller zeigt. In den früheren Jahren der christlichen Ära war diese Naturerscheinung fast unbekannt. Aber im Laufe der Zeit flößt die Christuswoge, die zu einer gewissen Zeit des Jahres ins Erdinnere dringt, diesem toten, erdigen Klumpen mehr und mehr von ihrem eigenen Leben ein. Diese ätherischen Lebensstrahlen werden in Intervallen sichtbar. Später erschienen sie immer häufiger und jetzt wirken sie oft hindernd auf unsere elektrischen Anlagen, besonders auf die Telegraphie, deren Dienst manchmal durch diese Ausstrahlungen gestört wird.

Bemerkenswert ist es auch, daß diese Störungen auf die von Ost nach West gehenden Drähte beschränkt sind. Wenn man einmal die Seiten 85 und 86 in der „Weltanschauung der Rosenkreuzer" nachliest, so wird man dort die Bestätigung finden, daß von den Pflanzen-Gruppengeistern aus dem Zentrum der Erde nach allen Richtungen ihrer Oberfläche und darüber hinaus Strahlen oder Kraftströmungen ausgesandt werden, die durch die Wurzeln der Pflanzen und Bäume bis hinauf in die Spitzen derselben gehen.

Die Strömungen der Tier-Gruppengeister hingegen umkreisen den Erdball. Die von den Gruppengeistern der Pflanzen erzeugten, verhältnismäßig schwachen und unsichtbaren Strömungen und die sehr starken und machtvollen Kraftstrahlen, die der Christusgeist erzeugt, die nun als Nordlicht sichtbar werden, sind bisher ungefähr von derselben Natur wie statische Elektrizität gewesen, während die von den Tiergruppengeistern erzeugten Strömungen, welche die Erde umkreisen, mit der dynamischen Elektrizität verglichen werden können, welche der Erde in den vergangenen Zeiten ihre Bewegungskraft verlieh. Jetzt jedoch werden die Christusstrahlen immer kräftiger und ihre statische Elektrizität wird frei. Der ätherische Antrieb, den sie geben, wird eine neue Ära einleiten, und die Sinnesorgane, die der Mensch jetzt besitzt, müssen sich diesem Wandel anpassen. Statt der ätherischen Strahlen, die jetzt von einem Gegenstand ausgehen und dessen Ebenbild auf die Netzhaut unseres Auges zurückwerfen, wird der sogenannte „blinde Fleck" sensitiv werden; dann werden wir durch das Auge herausschauen und statt des Ebenbilds auf unserer Netzhaut das Ding direkt sehen. Dann werden wir nicht nur die Oberfläche des Gegenstands, den wir betrachten, sehen, sondern wir werden fähig sein, ihn durch und durch zu sehen, wie jene, die das ätherische Hellsehen bereits jetzt entwickelt haben.

Im Laufe der Zeit wird Christus der Erde durch seinen wohltätigen Dienst immer mehr interplanetarischen Äther zuführen und dadurch ihren Lebensleib immer leuchtender gestalten; wir werden in der Tat in einem Meer von Licht wandeln, und wenn wir durch den andauernden Kontakt mit den wohltätigen Christusstrahlen lernen werden, unsere eigennützigen Wege zu verlassen, so werden auch wir leuchtend werden. Dann wird das Auge, wie es jetzt beschaffen ist, uns nicht mehr dienen können; deshalb wird es nun langsam einem Wandel unterworfen und wir erfahren gegenwärtig die Unbequemlichkeiten, die eine Folge allen Wiederaufbaues sind. Mit Bezug auf das Nordlicht und seine Wirkung auf uns darf ferner erwähnt werden, daß diese Strahlen jeden Teil unserer Erde, welche der Körper des Christus ist, vom Zentrum bis zur Oberfläche durchdringen. Aber in den bewohnten Teilen der Erde werden diese Strahlen von der Menschheit absorbiert, genau wie die Strahlen der Pflanzengruppengeister von den Blumen aufgesaugt werden. Diese Christusstrahlen bilden

den „inneren Drang", welcher die Menschheit langsam aber sicher dazu antreibt, eine altruistische Einstellung anzunehmen. Sie sind die alles durchtränkenden Strahlen, die die Seele befruchten, so daß möglicherweise die unbefleckte Empfängnis stattfinden und der Christus in jedem von uns geboren werden wird. Wenn wir alle auf diese Weise vollkommen durchtränkt worden sind, wird das Christuslicht beginnen, aus uns herauszustrahlen. Dann werden wir im Lichte wandeln, wie Er im Lichte ist und wir alle werden Gemeinschaft miteinander haben.

Nun noch einige Worte betreffs des kollektiven Schicksals, mit denen wir diese Lektionen beenden wollen:

Außer dem individuellen Schicksal, das jeder von uns in jedem Leben selbst geschaffen hat, gibt es noch ein gemeinsames Schicksal, welches wir uns durch die Tatsache, daß wir Mitglieder einer Gemeinschaft oder einer Nation sind, geschaffen haben. Es ist wohlbekannt, daß Gemeinschaften oder Staaten als Ganzes gut oder böse handeln, und deshalb ist es nur recht und billig, daß diese gemeinsamen Handlungen auch eine kollektive Wirkung in den zukünftigen Leben der Mitglieder dieser Gemeinschaften oder Nationen, die daran teilnehmen, haben werden. Es ist erwiesen, daß, wenn solche Handlungen böse waren, die dadurch erzeugte Schuld gewöhnlich durch eine Folge von sich in großem Maßstab ereignenden sogenannten Unglücksfällen getilgt wird. Tatsächlich ist gelehrt worden, daß es keine Unglücksfälle gibt außer wo der Mensch, der das göttliche Vorrecht hat, neue Ursachen in die Wege zu leiten, in das Leben anderer eingreift und dadurch eine Änderung in ihren Angelegenheiten hervorruft oder wenn er durch Fahrlässigkeit das Leben eines Menschen vernichtet. In vielen Fällen ist letzteres ein Unglücksfall. Aber derart große Katastrophen, wie wir sie in Sizilien gesehen haben und wie das große Erdbeben in San Franzisco, der große europäische Krieg usw., sind keine Unglücksfälle, sondern Wirkungen verursachende Handlungen der darin verwikkelten Gemeinschaften oder das Resultat solcher Handlungen in vergangenen Leben. Da wir vom Wirken des Gesetzes der Kindersterblichkeit erfahren haben, liegt es z. B. klar auf der Hand, daß es Hunderttausenden von Opfern des großen Krieges, die auf dem Schlachtfelde aus ihren Körpern gerissen wurden, absolut unmöglich war, das Panorama des soeben beendeten Lebens in ihr Keimatom einzuätzen. Es wird für sie nötig sein, im nächsten Erdenleben während der Kindheit zu sterben, und wie anders könnte dieses Massensterben der Kinder einer späteren Zeit eintreffen außer durch Epidemien oder sonstige Katastrophen, die über die Erde dahinfegen werden? Auf Grund einer solchen Hypothese sehen wir in dem sizilianischen Erdbeben und der Zerstörung San Franziscos, in den Hungersnöten in Irland und Indien und in ähnlichen nationalen Katastrophen die Auswirkung des Schicksals der Vergangenheit, die einer jeden Nation als ein Ganzes die Früchte ihrer vergangenen Leben und Handlungen bringen.

Was in den voraufgegangenen Seiten gesagt wurde, ist nur ein kleiner Hinweis, wie wir Schicksal erschaffen und auslöschen. Man möge bitte bedenken, daß diese paar hundert erforschten Fälle keine hinreichende Grundlage für eine allgemeine Idee von der Reichweite des Gesetzes geben, und der Leser wird sicherlich hinsichtlich dessen, was gesagt wurde, in individuellen Fällen Unregelmäßigkeiten finden. Zweifelsohne werden Fragen über dieses oder jenes oder hinsichtlich eines besonderen Falls auftauchen. Während es sehr leicht ist, einzelne Fälle zu erforschen und festzustellen, welche Ursachen in dem einen Leben gewisse Wirkungen in einem anderen Leben einer

Person erzeugten, so ist es doch sehr schwierig, wenn es darauf ankommt, sie zu klassifizieren und ein allgemeines Gesetz zu finden, wie wir es in diesem Werk versucht haben. Um eine derartige Aufgabe vollkommen durchzuführen, bedarf es eines übermenschlichen Wissens und Weisheit, und den vorliegenden Versuch mag man vielleicht als einen Fall charakterisieren, in dem ein Narr sich in etwas stürzt, vor dem sich Engel fürchten würden. Der Verfasser hat weit mehr Kenntnisse erlangt, als er imstande ist weiterzugeben; immerhin hofft er, daß das, was über die großen Mysterien des Lebens gesagt wurde, dem Suchenden doch ein wenig von Nutzen sein wird.

Mögen diese Studien über das Schicksalsgewebe in jedem Suchenden einen tieferen Wunsch erzeugen, von Tag zu Tag in einer solchen Weise zu leben, daß wir mehr Frieden auf Erden und guten Willen zwischen den Menschen haben werden.

Die okkulten Wirkungen unserer Gemütsregungen

1. Kapitel
Die Wirkung der Begierde

Wer es einmal beobachtet hat, der weiß, welches Unheil ein heftiger Anfall von Furcht oder Sorge auf den physischen Träger ausübt. Wir wissen, daß diese Gemütsregungen die Verdauung stören, den Stoffwechsel ändern und die Ausscheidung der Abfallstoffe beeinflussen, kurz gesagt, sie bringen das ganze System in Unordnung, mit dem Resultat, daß manche Personen sogar für kürzere oder längere Zeit das Bett hüten müssen gemäß der Stärke des Anfalls und der Widerstandskraft der Konstitution des Betreffenden. Es gibt jedoch noch eine geheime Wirkung, die weit schlimmer ist, die aber meistens nicht verstanden wird, und deshalb mag es von großem Nutzen sein, die okkulte Wirkung von Ausgeglichenheit und Leidenschaft, Zorn und Liebe, Pessimismus und Optimismus einmal etwas eingehender zu studieren.

Aus der „Weltanschauung der Rosenkreuzer" erfahren wir, daß unser Begierdenkörper in der Mondperiode erzeugt wurde. Wenn man sich ein geistiges Bild von dem Aussehen der damaligen Dinge machen will, betrachte man einmal eine Abbildung des Fötus, wie sie in jedem Buch über Anatomie zu finden ist. Wir erkennen drei Hauptteile: die Placenta, die mit dem mütterlichen Blut gefüllt ist, die Nabelschnur, die dem Fötus den Lebensstrom zuführt, und schließlich den Fötus selbst, welcher hierdurch vom Embryostadium bis zur Reife ernährt wird. Man stelle sich nun einmal jene längst vergangene Zeit vor - das Firmament als eine gewaltige Placenta, von der Billionen von Nabelschnüren herabhingen, jede mit einem fötalen Anhängsel. Durch die ganze menschliche Familie, die damals im Werden war, zirkulierte die eine universale Essenz der Begierde und Gemütsempfindung, die in allen den Ansporn zur Handlung schaffte, wie wir sie heute in jeder Phase des weltlichen Lebens manifestiert sehen. Diese Nabelschnüre mit ihren fötalen Anhängseln wurden durch die Gemütsregungen der Mondengel aus dem feuchten Begierdenstoff geformt, während die feurigen Begierdenströme, die bemüht waren, das schlummernde Leben in der damals im Werden begriffenen Menschheit anzuregen, von den feurigen, kriegerischen Luzifergeistern erzeugt wurden. Die Farben jener ersten langsamen Schwingungen, die sie in dem leicht erregbaren Begierdenstoff in Bewegung setzten, war rot.

Während jene Tinktur der Unruhe und des Kummers (denn das ist sie wirklich, diese immer dahinfließende, ewige Rastlosigkeit, die uns sogar noch jetzt ohne Pause oder Frieden antreibt) in uns zirkulierte, drehte sich der Planet, auf dem wir wohnten, auch um eine Sonne, nicht um unseren gegenwärtigen Lichtspender, sondern um eine vergangene Verkörperung der Substanz, woraus unser gegenwärtiges Sonnensystem besteht, und wir selbst umkreisten die Erdkugel, auf der wir wohnten, abwechselnd vom Licht zur Dunkelheit und von der Hitze zur Kälte. Auf diese Weise wurden wir von innen und außen bearbeitet in dem Bemühen, das schlummernde Bewußtsein in uns zu erwecken. Es kam auch eine Antwort, denn wenn auch keiner der in einem individuellen Fötus-Sack teilweise voneinander getrennten Geister fähig gewesen wäre, diese Ströme zu fühlen, obgleich sie sehr stark waren, so wurden diese sich ansammelnden Gefühle von Billionen solcher

Geister doch als Laut im Universum wahrnehmbar, als ein kosmischer Schrei - die erste Note in der Harmonie der Sphären -, gespielt auf einer einzigen Saite. Nichtsdestoweniger war dies in hinreichendem Maße der Ausdruck der schlummernden Sehnsucht und des Strebens der werdenden menschlichen Rasse jener längst vergangenen Zeiten.

Die Begierdennatur hat sich seither entwickelt; die feurige, kriegerische Grundschicht der Leidenschaft und die wässerige, mondhafte Grundschicht der Gemütsempfindungen sind zu zahllosen Kombinationen fähig geworden. Wie die Gedanken Furchen in die Windungen des Gehirns und Linien in das Gesicht ziehen, so haben Leidenschaften, Wünsche und Gemütsregungen den beweglichen Begierdenstoff in gewundene Linien, in Strudel, Stromschnellen und Wirbel, ähnlich einem Bergstrom während der Zeit seines größten Aufruhrs, geordnet (er ist selten in einer verhältnismäßigen Ruhe). Dieser Begierdenstoff hat in aufeinanderfolgenden Perioden seiner Entwicklung nacheinander auf die sieben planetarischen Vibrationen, die von Sonne, Venus, Merkur, Mond, Saturn, Jupiter und Mars ausgehen, reagiert. Jeder individuelle Begierdenkörper wurde während jener Zeit zu einem besonderen Muster gewoben, und so wie das Schifflein des Verhängnisses unaufhaltsam auf dem Webstuhl des Schicksals hin- und herfliegt, wird dieses Muster vergrößert, verziert und verschönert, wenngleich wir dies nicht wahrnehmen. So wie der Weber stets auf der Rückseite seines Teppichs arbeitet, so weben auch wir, ohne das endgültige Muster verstehen oder seine Schönheit sehen zu können, denn es liegt auf der für uns noch unsichtbaren Seite, auf der verborgenen Seite unserer Natur.

Um dies besser verstehen zu können, laßt uns einmal einige dieser verwickelten Fäden der Leidenschaft und Gemütsempfindungen aufnehmen und sehen, welche Wirkung sie auf das Muster ausüben, welches Gott, der Meister-Weber, in uns zu wirken wünscht.

Die alten Mythen warfen immer ein leuchtendes Licht auf die Probleme der Seele und in diesem Zusammenhang können wir einmal vorteilhaft die Verbindung mit einem gewissen Teil der Freimaurerlegende betrachten. Die Freimaurer waren eine Vereinigung von Baumeistern - im Griechischen „tektons" - und tatsächlich war es dieselbe Vereinigung, zu der Josef und Jesus gehörten, denn die letzteren wurden in der griechischen Bibel „tektons" - Baumeister genannt, nicht Zimmerleute, wie in der orthodoxen Lesart. Die Freimaurer unter Salomon waren die Baumeister jenes mystischen Tempels, der von Gott, dem großen Archetekton, dem Meister-Erbauer, entworfen war, und dieser wurde ohne Hammerschlag errichtet, wovon Manson in seinem wundervollen Spiel „Der Diener im Hause" spricht. Er erzählt uns darin, daß „es kein toter Haufen gewöhnlicher Steine und Bauholz ist, sondern ein lebendiges Ding. Wenn du eintrittst, dann hörst du einen Klang, so als wenn eine mächtige Hymne gesungen wird, das heißt, wenn du Ohren hast; und wenn du Augen hast, kannst du den Tempel gegenwärtig selbst sehen; ein Mysterium sichtbar werdender Formen und Schatten, die vom Boden bis zur Kuppel des Domes reichen. Er ist noch im Werden und es wird noch daran gebaut; manchmal geschieht die Arbeit in völliger Dunkelheit und manchmal in blendendem Licht." Jeder wahre mystische Maurer weiß, was dieser Tempel ist und ist bemüht, ihn zu errichten. Die alte Freimaurerlegende erzählt uns, daß Hiram Abiff, der Meister-Erbauer, mit der

Errichtung von Salomons Tempel, dem ohne Hammerschlag zu erbauenden Tempel Gottes, beauftragt war. Als er sich vorbereitete, sein Meisterstück, den „geschmolzenen See" zu machen, sammelte er überall in der Welt dafür Material und warf es in den feurigen Schmelzofen, denn er war ein Abkömmling Kains, ein Sohn des Feuers, und dieser wiederum war ein Sohn Luzifers, des Feuergeistes. Hiram hatte beabsichtigt, eine Mischung von kristallener Klarheit zu schaffen, die imstande wäre, alle Weisheit der Welt zurückzustrahlen. Aber, so fährt die Geschichte fort, unter seinen Arbeitern befanden sich Verräter - Spione der Söhne Seths -, welche durch Adam und Eva Abkömmlinge des Mondgottes Jehova waren, und die eine Verwandtschaft mit Wasser hatten, Feuer jedoch haßten. Diese Verräter gossen Wasser in die Form, in welcher der geschmolzene See, der Stein der Weisen, gegossen werden sollte. Als Feuer und Wasser zusammenkam, gab es eine große Explosion. Hiram Abiff, der Meister-Erbauer, der unfähig war, die sich bekriegenden Elemente miteinander zu verbinden, sah mit unaussprechlichem Leid den zerstörerischen Ausbruch seines versuchten Meisterstücks. Während er den Kampf zwischen den Feuer- und Wassergeistern beobachtete, erschien ihm Tubal-Kain, sein Vorfahre, und bat ihn, in diese siedende Masse zu springen, was er auch tat. So wurde er in den Mittelpunkt der Erde geführt, wo er Kain, seinen Urahnen, traf. Dieser gab ihm ein neues Wort und einen neuen Hammer, die ihn, nachdem er es gelernt hatte, sie richtig anzuwenden, in den Stand setzen sollten, die feindlichen Elemente zu verbinden und von dem Stein der Weisen die bestmögliche menschliche Ausführung zu machen.

In dieser symbolischen Geschichte liegt mehr Weisheit verborgen als in dicken Bänden gegeben werden könnte, die sich mit dem Seelenwachstum befassen. Wenn der Student sich bemüht, zwischen den Zeilen zu lesen und über die verschiedenen symbolischen Ausdrücke zu meditieren, wird er weit mehr erreichen, als je gesagt werden kann, denn wahre Weisheit wird immer innerlich gezeugt, und die Mission der Bücher ist es nur, uns dazu einen Leitfaden zu geben.

Seit jener längst vergangenen Zeit haben die Mondengel sich hauptsächlich mit dem feuchten, wässerigen Lebensleib, der aus den vier Äthern zusammengesetzt ist, sowie mit der Fortpflanzung und Ernährung der Art befaßt, während sich die Luzifergeister nur mit den trockenen und feurigen Begierdenkörpern betätigen. Die Aufgabe des Lebensleibes ist es, den dichten Körper aufzubauen und zu erhalten, während die des Begierdenkörpers die Zerstörung der Gewebe einschließt. Dadurch ist zwischen dem Lebens- und dem Begierdenkörper ein ewiger Kampf im Gange, und dieser Krieg im Himmel ist es, der unser physisches Bewußtsein auf Erden verursacht. Durch viele Leben hindurch haben wir in jedem Zeitalter und Klima gewirkt, aus jedem Leben haben wir eine gewisse Summe Erfahrungen gezogen und als Schwingungskraft in den Keimatomen unserer verschiedenen Träger aufgespeichert. Deshalb ist jeder von uns ein Baumeister, der den Tempel des unsterblichen Geistes ohne Hammerschlag baut; jeder von uns ist ein Hiram Abiff, der Material für Seelenwachstum sammelt und es in den Schmelzofen der Lebenserfahrungen wirft, damit es dort durch das Feuer der Leidenschaft und der Begierde bearbeitet werde. Langsam aber sicher wird alles verschmolzen, der Abschaum in jeder Fegefeuer-Erfahrung geläutert und die Quintessenz des

Seelenwachstums während vieler Leben herausgezogen. Jeder von uns bereitet sich auf diese Weise für die Einweihung vor - ob wir es wissen oder nicht-, wir lernen, die feurigen Leidenschaften mit den sanfteren und edleren Gemütsregungen zu verschmelzen. Der neue Hammer, womit der Baumeister seine Untertanen beherrscht, ist nun ein Kreuz des Leides und das neue Wort ist Selbstkontrolle.

2. Kapitel
Die Farbeffekte der Gemütsregungen in Volksversammlungen - Die isolierende Wirkung von Furcht und Sorge

Nun wollen wir einmal sehen, wie sich der Begierdenleib unter den verschiedenen Gefühlen, Wünschen, Leidenschaften und sonstigen Gemütsregungen ändert, damit wir lernen, den mystischen Tempel, in dem wir leben, weise und gut zu bauen.

Wenn wir eine der sogenannten physischen Wissenschaften studieren, z. B. Anatomie oder Architektur, welche sich mit g r e i f b a r e n D i n g e n befassen, wird unsere Aufgabe durch die Tatsache erreicht, daß wir Worte haben, womit wir die Dinge beschreiben können, um die es sich handelt. Aber auch dann wird das geistige Bild, empfangen durch ein Wort, bei jedem einzelnen Individuum verschieden sein. Wenn wir z. B. von einer „Brücke" sprechen, so wird sich dabei der eine ein mentales Bild von einer Million-Dollar Eisenstruktur machen, während ein anderer an eine Planke denken mag, die über einen Bach gelegt wurde. Die Schwierigkeiten, die uns bei dem Bemühen begegnen, richtige Eindrücke von dem, was wir meinen, zu erreichen, vermehren sich zusehends, wenn wir versuchen, Ideen weiterzugehen, die sich mit den ungreifbaren Kräften der Natur, wie z. B. Elektrizität, beschäftigen. Wir messen die Kraft des Stromes in Volts, den Umfang in Amperes und den Widerstand der Leiter in Ohms, aber tatsächlich sind solche Bezeichnungen nur Erfindungen, um unsere Unwissenheit in diesen Dingen zu verbergen. Wir wissen alle, was ein Pfund Kaffee ist, aber der größte Wissenschaftler der Welt hat gerade sowenig einen korrekten Begriff dessen, was Volts, Amperes und Ohms sind, über die so gelehrt diskutiert wird, wie der Schuljunge, der diese Begriffe zum erstenmal hört.

Ist es da ein Wunder, wenn überphysische Subjekte oft in unbestimmten und irreführenden Ausdrücken beschrieben werden? Wir haben einfach keine Worte in irgendeiner physischen Sprache, die diese Gegenstände korrekt beschreiben könnten, und man ist fast hilflos und gänzlich verloren, wenn man erklärende Begriffe, diese Dinge betreffend, geben möchte. Wäre es möglich, farbige, lebende Bilder vom Begierdenkörper auf die Leinwand zu werfen und zu zeigen, wie dieser ruhelose Träger seine Farben und Formen gemäß seinen Gemütserregungen fortwährend ändert, so würde dies auch dann noch kein hinreichendes Verständnis für den Menschen vermitteln, der nicht fähig ist, diese Dinge selbst zu sehen. Die Träger jedes einzelnen menschlichen Wesens unterscheiden sich von den Trägern aller anderen und in der Weise, wie sie auf gewisse Gemütsregungen reagieren. Das, was bei dem einen ein Gefühl tiefer Liebe, Haß, Zorn, Furcht oder irgendeiner anderen Gemütsregung auslöst, mag den andern gänzlich unberührt lassen.

Der Verfasser hat unzählige Male eine Menschenmenge zum Vergleich in dieser Hinsicht beobachtet und stets etwas Staunenswertes, Neues und Verschiedenes von dem, was er bisher gefunden hatte, entdeckt. Bei einer solchen Gelegenheit bemühte sich ein Volksaufwiegler, einen Arbeiterverband zum Streik aufzuhetzen. Er selbst war sehr aufgeregt, und obgleich die Grundfarbe eines tiefen Orange wahrgenommen werden konnte, war sie für eine Zeitlang fast gänzlich durch eine scharlachrote Farbe ausgelöscht; sein Begierdenleib hatte die Form eines Stachelschweines, das seine Stacheln nach allen Richtungen herausgesteckt hatte. An diesem Ort herrschte ein starkes Element der Opposition und als er redete, konnte man klar die beiden Parteien durch die Farben ihrer Auren unterscheiden. Ein Teil der Männer zeigte ein Scharlachrot des Zornes, während bei den andern diese Farbe mit Grau, der Farbe der Furcht, untermischt war. Es war ebenfalls bemerkenswert, daß, obgleich die grauen Männer in der Überzahl waren, die anderen den Sieg davontrugen, denn jeder der Zaghaften glaubte sich allein oder wenigstens mit wenigen hinter sich, die ihn unterstützten, und war deshalb zu furchtsam, um seiner Meinung entsprechend zu wählen oder sie zum Ausdruck zu bringen. Wenn jemand, der fähig gewesen wäre, diesen Zustand zu sehen, zu jedem einzelnen, der in seiner Aura die Zeichen des Widerstandes zeigte, gesprochen und ihm die Versicherung gegeben hätte, daß er einer Mehrzahl angehöre, so wäre die Sache nach der anderen Seite hin abgelaufen. So ist es oft in menschlichen Angelegenheiten, denn die Mehrzahl der Menschen ist gegenwärtig noch nicht fähig, unter die Oberfläche des physischen Körpers zu schauen und so den wahren Zustand der Gedanken und Gefühle anderer zu empfinden.

Bei einer anderen Gelegenheit wurde eine Erweckungsversammlung, wo mehrere Tausende zugegen waren, besucht, um einen Redner von internationalem Ruf zu hören. Zu Anfang der Versammlung schien es, nach dem Zustand der Aura der Menschen zu urteilen, als wenn die große

Mehrzahl zu keinem anderen Zweck gekommen sei, als sich zu amüsieren. Die Gedanken, Empfindungen und Gemütsregungen, die sich mit dem alltäglichen Leben jedes einzelnen befaßten, waren deutlich sichtbar, aber bei einer Anzahl zeigte eine gewisse dunkelblaue Farbe eine Neigung zu Furcht oder Sorge. Es schien, als ob sie irgendeine Enttäuschung im Leben erfahren hätten; sie waren sehr unruhig. Als der Redner eintrat, zeigte sich ein eigenartiges Phänomen: Unser Begierdenkörper befindet sich gewöhnlich in einem Zustand ruheloser Bewegung, aber in diesem Augenblick schien es so, als wenn die ganze Versammlung den Atem anhielte infolge einer großen Erwartung, denn das verschiedenartige Farbenspiel in den individuellen Begierdenkörpern hielt inne und die Grundfarbe Orange war für einen Augenblick deutlich erkennbar. Während das Präludium gespielt wurde, traten jedoch wieder die gleichen Gemütsregungen auf wie zuvor. Dann begann man Hymnen zu singen. Sofort zeigte sich der Wert, die Wirkung der Musik, denn als alle gemeinsam die gleichen Worte zu derselben Melodie sangen, schienen sich die gleichen rhythmischen Schwingungen, die durch die Begierdenleiber rasten, zu vermischen, so daß sie für den Augenblick wie ein einziges Ganzes wirkten. Viele Menschen saßen sozusagen auf der Spötterbank, sie wollten weder singen, noch sich mit den andern vereinigen. Sie erschienen wie Menschen, bekleidet mit einem Panzer aus Stahl, und jeder von ihnen, ohne Ausnahme, sandte eine Schwingung aus, die klarer als Worte es vermocht hätten. sagte: „Laß mich allein, rühr mich nicht an!" Etwas von innen heraus hatte sie dorthingezogen, aber sie hatten eine tödliche Angst, ihm nachzugeben. Deshalb drückte ihre ganze Aura diese Stahlfarbe der Furcht aus, die einen Panzer der Seele gegen äußere Einmischungen darstellt.

Als das erste Lied zu Ende war, zerfiel die Einheit der Schwingung und Farbe fast plötzlich, und jeder einzelne befand sich wieder in seiner gewohnheitsmäßigen Gedankenatmosphäre. Wäre nichts weiter geschehen, so wäre jeder wieder in sein gewohntes inneres Leben verfallen. Aber der Evangelist wußte, obgleich er nicht fähig war, dies zu sehen, durch vorangegangene Erfahrungen, daß seine Zuhörerschaft noch nicht reif war. Deshalb ließ er noch einige Lieder singen. Händeklatschen, Trommelwirbel und die Gestikulationen des Leiters begleiteten sie, unterstützt durch einen geübten Chor. Dies brachte die zerstreuten Seelen wieder in ein Band von Harmonie zusammen; allmählich wurden die Menschen vom religiösen Eifer übermannt und die Einheit, die für den nächsten Schritt nötig war, war hergestellt. Von der Musik, dem Händeklatschen des Leiters und dem aufrührenden Klang der Lieder war die ganze große Versammlung eins geworden, und die Leute von Stahl, die stahlgefärbten Spötter, welche sich selbst zu klug dünkten, um genarrt zu werden (trotzdem ihre Gemütsregung wirklich Furcht war), waren zu einem Teil der großen Versammlung geworden, der nicht mehr ins Gewicht fiel. Alle waren sie schließlich abgestimmt wie die Saiten eines großen Instruments, und der Evangelist, der vor ihnen erschien, war in der Kunst, auf ihre Gemütsstimmungen einzuwirken, ein Meister. Er bewegte sie vom Lachen zum Weinen, vom Kummer zur Scham; große Wellen der korrespondierenden Farben schienen über die ganze Versammlung hinzuziehen, so verwirrend wie sie großartig waren. Dann kam der gewöhnliche Ruf, aufzustehen für Jesus, die Einladung zur „Klagebank" usw., und alles in der Versammlung hatte eine gefühlsmäßige Reaktion, welche sich deutlich in den Farben Gold und Blau zeigte. Dann folgten wieder Gesang, stärkeres Händeklatschen und Gestikulationen, was für den Augenblick die Einheit stärkte und der Versammlung eine Empfindung von universaler Bruderschaft und der Wirklichkeit der Vaterschaft Gottes gab.

Die einzigen, auf die die Musik keinen Einfluß hatte, waren die Menschen, die in die blauen Stahlpanzer der Furcht gekleidet waren. Diese Farbe scheint fast völlig unzugänglich für irgendeine andere Gemütsstimmung zu sein, und obgleich die Gefühle, die in der Mehrzahl der Teilnehmer geweckt wurden, verhältnismäßig vorübergehend waren, hatten die Menschen, mit Ausnahme dieser „Stahlmenschen", doch einen gewissen Nutzen von dieser Erweckungsversammlung.

Der Verfasser glaubt, daß für diese innere Furcht, den Gemütsregungen nachzugeben - Furcht und die Zwillingsschwester, die Sorge, sind saturnische Effekte - ein Schock nötig ist, der die so befallene Person aus ihrer Umgebung herausreißt, an einen anderen Ort bringt, wo neue Zustände herrschen, damit die alten Zustände überwunden werden können.

Furcht und Sorge sind ein Zustand, bei dem die Begierdenströme nicht in langen, gewundenen Kurven durch irgendeinen Teil des Begierdenkörpers laufen, sondern bei dem dieser Träger voller Wirbel ist - in extremen Fällen ist er nichts als Wirbel. Die davon befallene Person macht keine Anstrengung zu irgendeiner Handlung, ganz gleich welcher Art; sie sieht Schwierigkeiten, wo keine sind, und statt Ströme zu schaffen, die zu Handlungen führen, die die Dinge, die sie fürchtet, verhindern, verursacht jeder Gedanke der Sorge einen weiteren Wirbel in ihrem Begierdenkörper. Infolgedessen tut sie nichts. Diesen Zustand von Furcht und Sorge im Begierdenkörper kann man mit Wasser vergleichen, das sich bei niederer Temperatur im Gefrieren befindet. Furcht, welche sich als Skeptizismus, Pessimismus und Zynismus ausdrückt, kann mit gefrorenem Wasser verglichen werden, denn die Begierdenleiber solcher Personen sind fast bewegungslos geworden und nichts, was man auch sagen oder tun mag, scheint diesen Zustand ändern zu können. Sie haben sich gleich einer Schildkröte „in ihre Schale zurückgezogen" und diese saturnische Schale muß erst zerbrechen, bevor es möglich wird, an diese Person heranzukommen, um ihr aus diesem bemitleidenswerten Zustand heraushelfen zu können.

Diese Saturnregungen der Furcht und der Sorge entstehen gewöhnlich durch ökonomische oder soziale Schwierigkeiten: „Vielleicht ist meine Planung, meine Geldanlage nicht sicher. Ich könnte meine Stellung verlieren und mich brotlos auf der Straße befinden. Alles, was ich unternehme, scheint schiefzugehen. Meine Nachbarn klatschen über mich und versuchen, meine soziale Stellung zu untergraben. Mein Mann (oder meine Frau) liebt mich nicht mehr. Meine Kinder vernachlässigen mich." Diese und tausend ähnliche Suggestionen kommen ihnen in den Sinn. Man sollte bedenken, daß jeder dieser Gedanken, dem man sich hingibt, dazu beiträgt, die Ströme des Begierdenkörpers erstarren zu lassen und eine blaue Stahlhülle um uns herum zu schaffen. Die Person, welche gewohnheitsmäßig Furcht und Sorgen nährt, wird sich eines Tages von der Liebe, Sympathie und Hilfe der ganzen Welt ausgeschlossen finden. Darum sollten wir uns stets bemühen, selbst unter den widerwärtigsten Umständen froh zu sein, sonst könnten wir uns eines Tages hier und in der anderen Welt in sehr ernsten Zuständen befinden.

„Es ist leicht, froh zu sein,
wenn das Leben wie ein Lied dahinfließt.

Wer lächeln kann, wenn alles verkehrt geht,
der ist der wertvolle Mensch."

3. Kapitel
Die Wirkungen des Krieges auf den Begierdenleib - Welche Wirkungen die Explosionen der großen Geschütze auf den Lebensleib haben

Am Anfang des Krieges waren die Gefühle in ganz Europa in einer schrecklichen Weise erregt, zuerst unter den sogenannten „Lebenden" und dann unter den Gefallenen wenn sie erwachten. Aber wegen der benutzten großen Geschütze dauerte es eine lange Zeit, bis sie erwachten - doch davon später mehr. Die ganze Atmosphäre der betroffenen Länder kochte vor Zorn und Haß und gleich einer dunkelroten Wolke hing es um jeden Menschen herum und über den Ländern. Dann zeigten sich dunkelfarbige Striche wie auf einem Bahrtuch, die anscheinend immer in Krisen plötzlichen Unheils erzeugt werden, wenn die Vernunft versagt und Verzagtheit das Herz erfaßt. Die darin verwikkelten Völker sahen ein, daß eine große Katastrophe von unvorstellbarem Ausmaß hereinbrechen werde, welche sie weder begreifen noch verhindern konnten. Die Begierdenkörper der Mehrzahl waren von einem heftigen Wirbel erfaßt, dessen rhythmisch pulsierende lange Wellen deutlicher als Worte sagten: „Nur töten, töten, töten." Wenn zwei, drei oder mehr sich ansammelten und über den Krieg zu diskutieren begannen, hörten die rhythmischen Pulsationen, die den festen Vorsatz anzeigten, zu wagen und zu handeln, auf und die erregten Gedanken und Gefühle, die durch diese Unterhaltung erzeugt wurden, nahmen eine konische Form an, welche schnell zu einer Höhe von ungefähr 6 oder 8 Zoll heranwuchs, zerbarst und dann eine Zunge von Flammen ausströmte. Manche Menschen erzeugten mehrere dieser vulkanartigen Ausbrüche zugleich, während man bei anderen nur einen oder zwei zur selben Zeit beobachtete. Wenn eine dieser Blasen an einer Stelle barst, erschien eine neue an einer anderen Stelle des Begierdenkörpers, solange die Diskussion dauerte, und es waren ihre Flammen, die die Wolke über dem Land scharlachrot färbten. Wenn eine Menschenmenge oder Freunde nach einer solchen Diskussion auseinandergingen, wurden diese Ausbrüche kleiner und seltener, um schließlich ganz aufzuhören, und die zuvor erwähnten langen rhythmischen Pulsationen traten wieder ein.

Diese Zustände werden jetzt nur noch selten gesehen; der explosive Zorn gegen den Feind, der dadurch angezeigt wurde, ist ein Ding der Vergangenheit, soweit die große Masse in Frage kommt. Die Grundorangefarbe der Aura der westlichen Menschen ist wieder sichtbar und beide, Offiziere und Soldaten, scheinen den Krieg nun wie ein Spiel zu betrachten; jeder ist bemüht, den anderen zu überlisten und zu übertreffen. Der Krieg ist nun nichts weiter als ein Werkzeug für ihren Scharfsinn. Eine Anzahl Laienbrüder des Rosenkreuzer-Ordens glaubt jedoch, daß dieser Zustand des Zornes in milderer Form zurückkehren wird, sobald die Feindseligkeiten aufhören und die Friedensverhandlungen beginnen werden.

Diese Art von Gemütsregungen kann man „abstrakten" Zorn nennen; er ist sehr verschieden von Fällen, in denen zwei Personen im Privatleben aufeinander böse werden, ob sie nun anfangen, sich physisch anzugreifen oder nicht. Von der verborgenen Seite der Natur aus gesehen gibt es schon Feindseligkeiten, ehe jemals ein Schlag ausgeführt wird. Zackige, dolchartige Begierdenformen schießen wie Speere von einem zum andern, bis die Furie, die sie zeugte, sich ausgetobt hat. Im patriotischen Zorn gibt es keinen persönlichen Feind, deshalb sind die Begierdenformen mehr stumpf und explodieren, ohne den Körper der Person, die sie erzeugte, zu verlassen.

Die „Stahlmänner", die so oft im täglichen Leben vorkommen, die sich wegen der tausend Dinge, die niemals geschehen, ängstigen und sorgen und einen Panzer um sich herum kristallisieren, der dem alten Saturn gestattet, sie zu erfassen, fallen durch ihre Abwesenheit auf. Der Verfasser erklärt sich das nach der Hypothese, daß die Spannung in ihrer Umgebung sie zwang, sich als Soldat anwerben zu lassen und dieser Schock brach den Panzer; die Vertrautheit mit der Gefahr hatte Verachtung davor erzeugt. Es ist sicher, daß diese Leute aus dem Kriege Nutzen gezogen haben, denn es gibt keinen Zustand, der das Seelenwachstum mehr hemmt, als andauernde Furcht und Sorge. Ebenso ist es eine bemerkenswerte Tatsache, daß, obgleich die vom Krieg betroffenen Menschen unendliche Entsagungen erdulden mußten, die Massen derselben doch einen Anflug von zartem Himmelblau kultivierte, was von Hoffnung und Optimismus sowie von einem dämmernden religiösen Gefühl zeugt, das dem Charakter eine altruistische Färbung verleiht. Es ist ein Zeichen, daß jenes universale Mitgefühl, das keinen Unterschied der Religion, Farbe oder Nation kennt, in den Herzen der Menschen wächst.

Zu Anfang des Krieges drehten sich die Begierdenleiber der sich Bekriegenden mit einer furchtbaren Geschwindigkeit und es wurde beobachtet, daß, im Gegensatz zu jenen, die durch Krankheit, Alter oder Unglücksfälle hinübergingen und ihr Bewußtsein in kurzer Zeit, in einem Zeitraum von wenigen Minuten bis zu einigen Tagen, wiedererlangten, die Gefallenen in den meisten Fällen wochenlang unbewußt waren. Sonderbarerweise schienen jene, die fast in Stücke zerrissen worden waren, viel schneller zu erwachen als Tausende, die nur unbedeutende Wunden davongetragen hatten. Dies Rätsel wurde viele Monate lang nicht gelöst. Ehe wir die diesem Phänomen zugrundeliegenden Ursachen studieren, müssen wir uns daran erinnern, daß Leute, die während der ersten Hälfte des Krieges und während sie sich in großem Zorn befanden, gefallen waren, gewöhnlich sofort, wenn sie in den inneren Welten erwachten, begannen, ihren Feind weiter zu bekämpfen. Ehe das große aufklärende Werk der Älteren Brüder und ihrer unsichtbaren Helfer Frucht tragen konnte, gingen die Menschen mit verstümmelten Körpern und voll großem Kummer wegen ihrer geliebten Angehörigen, die sie zurückgelassen hatten, herum. Jetzt sind derartige Ereignisse außerordentlich selten und bald ganz beseitigt, denn sie sind alle belehrt worden, daß der Gedanke einen neuen Arm, ein Bein oder neue Augen schaffen kann; der patriotische Haß ist verschwunden und sogenannte „Feinde", die gegenseitig ihre Sprache verstehen können, verbrüdern sich miteinander, was ein Gewinn für beide Seiten ist. Die rote Wolke des Hasses hebt sich allmählich, der schwarze Schleier der Verzagtheit ist verschwunden, es ereignen sich keine vulkanartigen Ausbrüche der Leidenschaften mehr, weder bei den Lebenden noch bei den Toten, und soweit der Verfasser fähig ist, die Zeichen der Zeit in den Auren der Nationen zu lesen, ist es entschiedene Absicht, das Spiel zu Ende zu spielen. Sogar in Familien, die mehrerer Mitglieder durch den Tod beraubt wurden, scheint man dies gut zu finden. Sie sehnen sich unendlich nach ihren Freunden im Jenseits, aber der Haß gegen den irdischen Feind ist verschwunden. Dieses Sehnen wird von den Freunden in den unsichtbaren Welten geteilt und viele haben den Schleier durchbrochen, denn die Intensität des Sehnens erweckt in den „Toten" die Macht, sich zu manifestieren, indem sie ein Quantum Äther und Gase anziehen, welches oft dem Lebensleib eines „sensitiven" Freundes entzogen ist, wie materialisierende Geister den Lebensleib eines in Trance gefallenen Mediums benutzen. Somit werden die durch Tränen erblindeten Augen oft durch das Verlangen des sehnenden Herzens geöffnet, so daß die Geliebten sich nun in der geistigen Welt Auge in Auge und Herz an Herz wiederfinden. Dies ist die Methode der Natur, den sechsten Sinn zu entwickeln, welche schließlich alle befähigen wird zu erfassen, daß der Mensch ein unsterblicher Geist und daß das Weiterleben nach dem Tode eine Tatsache in der Natur ist.

Um zu begreifen, warum es so lange dauert, bis die im Kriege Gefallenen ihr Bewußtsein wiedererlangen, müssen wir zuerst einmal ein noch tieferes Studium der vier Äther, wie es bisher in der „Weltanschauung der Rosenkreuzer" gegeben wurde, vornehmen.

Die Atome des chemischen und Lebensäthers, die sich um den Kern des Keimatoms, das sich im Solar Plexus befindet, zusammengezogen haben, haben die Form eines Prismas. Sie sind alle derart angeordnet, daß, wenn die Sonnenenergie durch die Milz in unseren Körper eindringt, der gebrochene Strahl rot ist. Dies ist die Farbe des schöpferischen Aspekts der Dreieinigkeit, nämlich Jehovas, des Heiligen Geistes, der den Mond, den Planeten der Fruchtbarkeit, beherrscht. Daher bekommt das Lebensfluid von der Sonne, welches durch die Milz in den Körper eintritt, einen Anflug von zartem Rosa, welches oft von Sehern beobachtet wird, wie es entlang den Nerven läuft, wie die Elektrizität in den Drähten eines elektrischen Systems. So geladen, sind der chemische und der Lebensäther die Bahnen für die

Assimilation, die das Individuum am Leben erhält, und die Fruchtbarkeit, welche das menschliche Geschlecht erhält.

Während des Lebens durchdringt jedes prismatische Lebensatom ein physisches Atom und versetzt es in Schwingung. Um uns ein Bild von dieser Verbindung zu machen, stellen wir uns einen birnenförmigen Drahtkorb vor, dessen Wände aus spiralig gewundenem Draht bestehen, der gebogen von Pol zu Pol reicht. Dies ist das dichte Atom; es ist beinahe wie unsere Erde geformt, und das prismatische Lebensatom wird von der Spitze her, die am breitesten ist und dem Nordpol der Erde entspricht, hineingeführt. So durchdringt dann die Spitze des Prismas das Atom an der schmalsten Stelle, die dem Südpol unserer Erde entspricht, und das Ganze ähnelt einem schwingenden, schwankenden und bebenden Kreisel. Auf diese Art und Weise wird unser Körper lebendig und bewegungsfähig gemacht. (Es ist bemerkenswert, daß unsere Erde in ähnlicher Weise von einem kosmischen Ätherkörper durchdrungen wird und daß jene Manifestationen, die wir als Nordlicht und Südlicht kennen, ätherische Strömungen sind, die die Erde vom Pol bis zum Äquator umkreisen wie die Strömungen im physischen Atom.)

Der Licht- und der rückstrahlende Äther sind die Bahnen des Bewußtseins und des Gedächtnisses. Im Durchschnittsmenschen sind sie etwas verdünnt und haben noch keine endgültige Form angenommen; sie durchdringen das Atom wie die Luft einen Schwamm durchdringt und bilden um jedes Atom herum eine feine, aurische Atmosphäre.

Beim Tode findet eine Trennung statt; das Keimatom wird von der Spitze des Herzens entlang dem saturnischen, pneumogastrischen Nerv durch die Gehirnhöhlen aus dem Schädel zurückgezogen (Golgatha); alle Atome des Lebensleibes werden vom Kreuz des dichten Körpers durch dieselbe Spiralbewegung befreit, welche jedes prismatische Ätheratom aus seiner physischen Hülle herausdreht. Dieser Vorgang ist je nach der Todesursache von mehr oder weniger Gewaltsamkeit begleitet. Eine alte Person, deren Lebenskraft langsam dahingeschwunden ist, mag einschlafen und auf der anderen Seite des Schleiers erwachen, ohne das geringste Bewußtsein davon, wie der Wechsel vor sich gegangen ist. Eine religiöse, fromme, andächtige Person, die durch Gebet und Meditation vorbereitet ist, wird auch einen leichten Ausgang haben. Leute, die erfrieren, haben nach Ansicht des Verfassers, nächst den Ertrinkenden, den leichtesten Tod.

Wenn aber eine Person jung und gesund ist und besonders wenn sie die Religion abgelehnt und einen atheistischen Sinn hatte, dann ist das prismatische Ätheratom mit dem physischen Atom so fest verbunden, daß ein bedeutender Ruck nötig ist, um den Lebensleib zu befreien. Wenn die Trennung des physischen Körpers von den höheren Trägern vollzogen und die Person tot ist, wie wir sagen, dann sind der Lichtäther und der rückstrahlende Äther vom prismatischen Atom getrennt. Wie in der „Weltanschauung" beschrieben, ist es diese Substanz, aus der die Bilder des vergangenen Lebens geformt sind, welche in den Begierdenkörper eingeätzt werden und dann beginnen, alles das an Schmerz und Freude zu empfinden, was sie im vergangenen Leben erfahren haben. Jener Teil des Lebensleibes, der aus den Atomen des chemischen und des Lebensäthers zusammengesetzt ist, kehrt zum physischen Körper zurück, schwebt über dem Grabe und vergeht gleichzeitig mit dem physischen Körper.

Nun kommt die Lösung unserer Erklärungen. Äther ist eine physische Substanz. Während Leute, die in einem kleineren Gefecht mit kleineren Waffen getötet wurden, oft gesehen wurden, wie sie in einer Art Taumel, aber immerhin bewußt, hinübergingen, haben die gewaltigen Explosionen der großen Geschütze die Wirkung, die prismatischen Ätheratome durcheinander zu werfen und die aurische Hülle des Licht- und rückstrahlenden Äthers zu zerstören, welche die Grundlage der Sinnesempfindungen und des Gedächtnisses sind. Bis sich diese wieder in ihre ursprünglichen Verhältnisse zurechtgestaltet hat, bleibt die Person in einem benommenen, bewußtlosen Zustand, der oft wochenlang anhält. Unter solchen Umständen formt die feine ätherische Substanz keine Bilder des vergangenen Lebens - sie ist bis zu einem gewissen Grad erstarrt.

4. Kapitel
Die Natur der Ätheratome -
Die Notwendigkeit des Gleichgewichts

Wenn das Ego auf dem Wege zur Wiederverkörperung durch die Region der konkreten Gedanken, die Begierdenwelt und die Ätherregion kommt, zieht es aus jeder ein gewisses Quantum Material an. Die Qualität dieses Materials wird durch das Keimatom nach dem Prinzip „Gleiches zieht Gleiches an" bestimmt. Die Menge wird von dem Bedarf der Urtype bestimmt, die wir selbst im zweiten Himmel gebaut haben. Aus der Menge der prismatischen Ätheratome, die von einem bestimmten Geist verwendet werden, bauen die berichterstattenden Engel und ihre Helfer eine ätherische Form, welche dann in die Gebärmutter der zukünftigen Mutter versetzt, allmählich mit physischer Substanz bekleidet wird und alsdann den sichtbaren Körper des neugeborenen Kindes formt.

Auf diese Weise wird nur eine kleine Portion des Äthers, der einem bestimmten Ego angemessen ist, benutzt. Der

Rest für den Lebensleib des Kindes oder vielmehr das Material, aus welchem dieser Träger gemacht wird, befindet sich noch außerhalb des physischen Trägers. Das ist der Grund, warum der Lebensleib eines Kindes viel weiter über die Peripherie des festen Körpers hervortritt als der eines Erwachsenen.

Die physischen Wissenschaften haben festgestellt, daß die Atome in unserem physischen Körper fortwährend wechseln, so daß alles Material, aus dem unser gegenwärtiger Körper z. B. in diesem Augenblick zusammengesetzt ist, in einigen Jahren verschwunden ist; jedoch ist es eine bekannte Tatsache, daß Narben und andere Verunstaltungen von der Kindheit bis zum Alter fortdauern. Der Grund dafür ist, daß die prismatischen Ätheratome, aus welchen unser Lebensleib zusammengesetzt ist, von der Wiege bis zum Grabe unverändert bleiben. Sie befinden sich die ganze Zeit in derselben verhältnismäßigen Lage, d. h. die prismatischen Ätheratome, welche die physischen Atome in den Zehen oder in den Fingern in Schwingung versetzen, gehen nicht zu den Händen, Beinen oder irgendeinem anderen Teil des Körpers, sondern bleiben genau an demselben Platz, den sie von Anfang an einnahmen. Eine Verletzung der physischen Atome erzeugt einen ähnlichen Eindruck auf die prismatischen Ätheratome. Die neue physische Materie, die über ihnen geformt wird, fährt fort, eine ähnliche Form und ein ähnliches Gewebe anzunehmen wie diejenigen, die ursprünglich da waren.

Das vorher Erwähnte bezieht sich nur auf die prismatischen Ätheratome, welche mit den festen und flüssigen Körpern in der physischen Welt übereinstimmen, weil sie eine gewisse dauernde Form annehmen, die sie beibehalten. Außerdem hat jedes menschliche Wesen in diesem Stadium der Evolution eine gewisse Menge Lichtäthers und rückstrahlenden Äthers, welche die Träger der Sinneswahrnehmungen und des Gedächtnisses sind und sich in seinem Lebensleib vermischen. Wir möchten sagen, daß der Lichtäther mit den Gasen in unserer physischen Welt übereinstimmt; den rückstrahlenden Äther bezeichnet man vielleicht am besten als hyper-ätherisch. Er ist etwas Leeres von bläulicher Farbe, in der Erscheinung dem blauen Kern einer Gasflamme gleichend. Er scheint durchsichtig, leer zu sein und alles, was in ihm ist, zu enthüllen, und doch birgt er alle Geheimnisse der Natur und der Menschheit. In dieser Substanz findet man einen Bericht des Gedächtnisses der Natur. Der Lichtäther und rückstrahlende Äther sind von einer genau entgegengesetzten Natur zu derjenigen der unveränderlichen prismatischen Ätheratome; sie sind flüchtig und wandern. Einerlei, wie viel oder wie wenig jemand von diesem Material besitzt, es ist ein Zuwachs, die Frucht der Erfahrungen seines Lebens. In seinem Körper vermischt es sich mit dem roten Blutstrom und wenn es durch Dienst und Opfer in der Schule des Lebens gewachsen ist, so daß es nicht länger mehr im Körper bleiben kann, wird es an der Außenseite als der Seelenkörper von Gold und Blau gesehen. Blau zeigt den höchsten Typ der Geistigkeit, deshalb ist es von kleinstem Umfang und kann mit dem blauen Kern der Gasflamme verglichen werden, während die goldene Färbung den größeren Teil formt und mit dem gelben Licht, welches den blauen Kern der Gasflamme umgibt, übereinstimmt.

Die blaue Farbe erscheint nicht außerhalb des festen Körpers, außer bei den erhabensten Heiligen - nur Gelb wird gewöhnlich beobachtet. Beim Tode wird dieser Teil des Lebensleibes mit dem Lebenspanorama, das er enthält, in den Begierdenkörper eingeätzt. Die Essenz aller unserer Lebenserfahrungen wird dann schließlich auf das Keimatom als Gewissen oder Tugend eingepreßt, welche uns im kommenden Leben dazu anhalten, Gutes zu tun und das Böse zu meiden. Somit wird die Qualität des Keimatoms von Leben zu Leben verändert. Die Quintessenz des Guten, die in dem einen Leben aus dem veränderlichen Teil des Lebensleibes herausgezogen wurde, bestimmt die Qualität der prismatischen unveränderlichen Ätheratome in dem nächsten Leben. Das Höchste des einen Lebens wird zum Niedrigsten im nächsten, und so klimmen wir allmählich die Leiter der Evolution zur Göttlichkeit hinan.

Aus dem Vorhergehenden geht klar hervor, daß der Lebensleib ein Träger der Gewohnheiten ist, und alle Eltern wissen, daß Kinder während der ersten sieben Jahre, wo dieser Träger sich im Aufbau befindet, sich eine Gewohnheit nach der anderen aneignen. Wiederholung ist die Schlüsselnote des Lebensleibes, und Gewohnheiten entstehen durch Wiederholung. Ganz anders ist es mit dem Begierdenleib, dem Träger der Gefühle und Gemütsregungen, die fortwährend von Augenblick zu Augenblick wechseln. Obgleich gesagt wurde, daß der Äther, welcher unseren Seelenkörper formt, sich in fortgesetzter Bewegung befindet und sich mit dem Blutstrom vermischt, so ist diese Bewegung, verglichen mit den schnellen Strömungen des Begierdenkörpers, verhältnismäßig langsam; wir möchten sagen, daß der Äther sich im Verhältnis wie eine Schnecke zum Licht bewegt.

Die Punkte, die sich aus dem Vorhergehenden ergeben haben, können wir wie folgt zusammenfassen:

Begierdenstoff bewegt sich mit unbegreiflicher, nur mit dem Licht vergleichbarer Geschwindigkeit.

Die beiden höheren Äther bewegen sich ebenfalls mit großer Geschwindigkeit, aber doch bedeutend langsamer als der Begierdenstoff.

Die prismatischen Ätheratome, die sich aus den niederen Äthern zusammensetzen, sind unveränderlich, haben aber eine sehr hohe Schwingungsrate.

Die Atome des festen Körpers sind bewegungslos wie die Kristalle des Steines.

Einerlei, was Leute zu oder über uns sagen, in Wirklichkeit haben ihre Worte keine Macht, uns wehe zu tun - es ist ganz allein unsere geistige Einstellung zu ihren Äußerungen, welche die Wirkung ihrer Worte auf uns als gut oder böse bedingt. Als Paulus der Verfolgung und Verleumdung preisgegeben war, bezeugte er: „Keines dieser Dinge kann mich berühren." (Luther-Übersetzung: „Aber ich achte der keines" Apg. 20,24). Alle, die hoffen, sich geistig zu entwickeln, müssen vor allem Gleichgewicht kultivieren, denn ohne das wird der Begierdenleib entweder umherschwärmen oder erstarren, gemäß der Natur der Gefühlsregungen, die beim Verkehr mit anderen Menschen entstehen, sei es nun Sorge, Ärger oder Furcht. Wir wissen, daß unser fester Körper der Träger der Handlungen ist, daß der Lebensleib ihm die Kraft zum Handeln gibt, daß der Begierdenkörper den Antrieb zum Handeln liefert und daß die Vernunft als Bremse der Impulse gegeben wurde. Wir lesen in der „Weltanschauung" S. 89-91, daß von innen und außen fortgesetzt Gedankenformen und Impulse auf den Begierdenkörper projiziert werden in dem Bemühen, Empfindungen wachzurufen, die zu einer Handlung führen sollen, und daß Vernunft die niedere Natur beherrschen und dem höheren Selbst Spielraum lassen sollte, damit es sich in seinen göttlichen Neigungen ausdrucken kann. Ebenso wissen wir, daß gewohnheitsmäßige Gedanken die Macht haben, sogar physische Materie zu formen, denn die Natur des sinnlichen Menschen ist in seinen Gesichtszügen leicht erkennbar, sie sind ebenso plump und grob wie die Gesichtszüge des geistig Eingestellten zart und fein sind. Die Macht der Gedanken, um die feineren Träger zu formen, ist noch größer. Wir haben bereits gesehen, wie Gedanken der Furcht und der Sorge den Begierdenkörper bei jemand, der dieser Gewohnheit nachgibt, erstarren lassen, und selbstverständlich ist es ebenso gewiß, daß, wenn wir eine optimistische Gemütsverfassung pflegen, wir unseren Begierdenleib unter allen Umständen auf eine Tonart stimmen können, die wir wünschen. Nach einiger Zeit wird dies eine Gewohnheit werden. Es muß zugegeben werden, daß es schwer ist, den Begierdenkörper in bestimmten Schranken zu halten, aber es ist möglich und der Versuch muß von allen gemacht werden, die nach geistigem Fortschritt streben.

Was den Effekt dieser Polarisation vom okkulten Standpunkt aus betrifft, können wir viel von gewissen Gebräuchen in sogenannten geheimen Gesellschaften lernen. Wie wir wissen, haben solche Organisationen stets einen Wächter an der Tür, der instruiert ist, den Zutritt jedem zu verweigern, der das richtige Losungswort und das Zeichen nicht geben kann. Das wirkt sehr gut, soweit es die Leute betrifft, die nur in ihrem physischen Träger funktionieren. Aber die sogenannten Geheimnisse dieser Organisationen sind in keiner Weise für jene Geheimnis, die fähig sind, diese Versammlungsplätze in ihrem Lebensleib zu betreten. Anders ist es in einem wahren esoterischen Orden, wie z. B. dem Rosenkreuzer-Orden. Kein Wächter steht am Tor des Tempels, wenn die mystische Mitternachtsmesse in jeder Nacht der Woche stattfindet. Die Tür steht weit offen für alle, welche gelernt haben, das „Sesam öffne dich" zu sprechen. Aber das ist kein gesprochenes Losungswort; der Eingeweihte, der teilzunehmen wünscht, muß wissen, wie er seinen Seelenkörper der besonderen Schwingungshöhe, die in dieser Nacht eingehalten wird, anzupassen hat. Außerdem sind diese Vibrationen in jeder Nacht verschieden, so daß jene, die z. B. gelernt haben, sich den Schwingungen anzupassen, die Sonnabend nachts eingehalten werden, wenn die ersten Grade sich treffen, absolut gehemmt sind, wenn sie den Tempel mit jenen betreten möchten, die das Werk am Sonntag, Montag, Dienstag usw. fortführen; sie sind genauso gehemmt wie jede gewöhnliche Person. Das kosmische Gesetz, unter welchem dies geschieht, wird auch bei der Kontrolle und Auswirkung unserer Gedanken, Gefühle und Leidenschaften angewandt. Paulus sagte sehr treffend: „Wir sind der Tempel des lebenden Gottes" (unseres höheren Selbsts). Wir haben auch eine feine Aura unter der Obhut der göttlichen Hierarchien, die über die sieben Planeten Saturn, Sonne, Mond, Mars, Merkur, Jupiter und Venus regieren, um uns herum geschaffen. Das Universum, unsere große Welt, wird mystisch die siebensaitige Leier des Apollo genannt. Unser individueller Organismus oder Mikrokosmos ist ein Ebenbild Gottes und es ziemt sich für uns, ein Echo dieser himmlichen Musik der Sphären in uns zu erwecken. Die meisten von uns haben gelernt, zu sehr auf die saturnischen Schwingungen des Kummers, Trübsinns, der Furcht und Sorgen zu antworten, welche unseren Begierdenkörper erstarren lassen, und es würde zum großen und dauernden Vorteil für alle sein, wenn sie versuchen würden, die geistigen Schwingungen der Sonne zu kultivieren, welche unser Leben mit Optimismus und Sonnenschein erfüllen, die den saturnischen Trübsinn und die Verzagtheit zerstreuen und verhindern werden, daß solche Gedanken in Zukunft in unsere Aura eintreten können.

Die erste Voraussetzung für den Fortschritt ist Gleichgewicht.

Alle Strebenden sollten das Motto des Paulus annehmen: „Keines dieser Dinge kann mich berühren!"

5. Kapitel
Die Wirkung der Reue - Die Gefahren des übertriebenen Badens

Da unter den Studenten der westlichen Weisheitslehren viele sind, die die von den Älteren Brüdern gegebenen Übungen anwenden, um ihr Seelenwachstum zu fördern, obgleich sie noch nicht die Neigung haben, den Pfad zu betreten, möchten wir einmal die okkulte Wirkung betrachten, die durch diese Übungen hervorgebracht wird.

Der Aspirant für das höhere Leben ist belehrt worden, bei der abendlichen Rückschauübung, wenn er in umgekehrter Reihenfolge die Ereignisse des vergangenen Tages überblickt und einen Vorfall antrifft, bei dem er jemanden weh getan oder versäumt hatte, zu helfen, oder in irgendeiner Weise nicht seinen Ideen gemäß gelebt hatte, über alles, was er falsch gemacht hatte, intensive Reue zu empfinden. Dies hat den Zweck, den Bericht auszutilgen, der durch diese Handlung dem Keimatom im Herzen eingeprägt wurde, wo er bleiben wird, bis er durch die Leiden des Fegfeuers ausgelöscht wird, wenn er nicht vorher auf künstliche Weise, wie z. B. durch die obenerwähnte Übung ausgetilgt wird.

Im Fegfeuer wird dieser Reinigungsprozeß durch die zentrifugale Kraft der Abstoßung erreicht, die den Begierdenstoff, in welchem das Bild über seine Äthermatrize geformt ist, aus dem Begierdenkörper herausreißt und herauszerrt. Während dieser außergewöhnlichen Zeit leidet die Seele genau dasselbe, was sie anderen angetan hat, und zwar durch einen eigentümlichen Zustand in den niederen Regionen der Begierdenwelt, wo sich das Fegfeuer befindet. Einige Seher, die unfähig sind, mit den höheren Regionen in Kontakt zu treten, behaupten, die Begierdenwelt sei nur illusorisch, und sie haben insofern recht, als die niederen Regionen in Frage kommen, denn dort erscheinen alle Dinge umgekehrt, genau wie wir das in einem Spiegel beobachten können. Diese Eigentümlichkeit ist nicht sinnlos - nichts in der Gotteswelt ist es; alle Dinge dienen einem weisen Zweck. Diese Umkehrung versetzt die irrende Seele in die Lage ihres Opfers, so daß, wenn die Bilder des vergangenen Lebens, wo sie jemand unrecht getan hat, vor ihren Augen abrollen, die Seele die Szene nicht einfach als Zuschauer erlebt, sondern nun selbst das Opfer wird, dem sie Leid zufügte, und sie empfindet denselben Schmerz, den dieses empfand. Diese innere Kraft der Abstoßung, die sich darin äußert, das Bild aus dem Begierdenleib des Missetäters herauszureißen, muß im Verhältnis ebenso stark sein wie der Zorn und Haß des Opfers, durch welche das Bild zur Zeit des Geschehens auf das Keimatom eingepreßt wurde.

Während des Rückblicks bemüht sich der Strebende, diese Zustände nachzuahmen; er versucht, sich die Szenen, wo er unrecht tat, vorzustellen, und die Reue, die er sich bemüht zu fühlen, muß mindestens ebenso stark sein wie der Groll der Person, die durch ihn zu leiden hatte. Dies hat dann dieselbe Wirkung, den Bericht des Unrechts auszulöschen, wie die zentrifugale Kraft der Abstoßung, welche diesen Prozeß der Austilgung im Fegefeuer zu dem Zweck ausführt, um die Eigenschaft der Seele daraus auszuziehen, welche wir als Gewissen kennen, das in Stunden der Versuchung als

Abschreckungsmittel wirkt. Auf diese Weise reinigt das Reuegefühl den Begierdenleib von Unkraut, es macht den Boden frei und pflegt das Wachstum der verschiedenen Tugenden, die in geistigem Fortschritt erblühen und größere Gelegenheiten des Dienstes im Weingarten des Herrn bringen.

Aber genauso wie die brachliegenden Kräfte im Schießpulver und ähnlichen explosiven Substanzen dazu benutzt werden, um die größten Aufgaben der Zivilisation zu fördern oder aber die grausamsten Taten der Barbarei zu übertreffen, so kann auch dieses Reuegefühl derartig mißbraucht werden, daß es statt zur Hilfe zum Schaden und Hindernis für die Seele wird. Wenn wir uns täglich und stündlich der Reue hingeben, verschwenden wir in Wirklichkeit eine große Kraft, die zu den besten Zwecken angewandt werden könnte, denn dies fortwährende Empfinden des Bedauerns berührt den Begierdenleib in ähnlicher Weise wie übermäßiges Baden den physischen Körper, wie in dem Artikel „Der Fehler der übertriebenen Reinlichkeit", welcher in unserem Magazin „Strahlen vom Rosenkreuz" erschien, beschrieben wurde. Dort wurde festgestellt, daß Wasser eine große Anziehungskraft auf Äther hat und diesen geradezu gierig aufsaugt; verschiedene Beispiele beleuchteten diese Tatsache. Desgleichen wurde dargelegt, daß, wenn wir unter normalen Umständen ein Bad nehmen, es einen großen Teil von ansteckendem, giftigem Äther aus unserem Lebensleib entfernt, vorausgesetzt, daß wir lange genug im Wasser bleiben. Nach einem Bad ist der Lebensleib etwas verdünnt und gibt uns infolgedessen ein Gefühl der Schwäche, doch wenn wir uns bei einigermaßen guter Gesundheit befinden und nicht zu lange im Wasser geblieben sind, wird dieser Mangel bald wieder durch den Lebensstrom, der durch die Milz in den Körper einströmt, ausgeglichen. Wenn dieser einströmende frische Äther die giftige Substanz ersetzt hat, die im Wasser fortgeschafft wurde, fühlen wir erneuerte Kraft, die wir rechtmäßig dem Bade zuschreiben, ohne die volle Tatsache, wie hier beschrieben, zu erkennen.

Wenn aber eine Person, die nicht ganz gesund ist, gewohnheitsmäßig täglich badet, vielleicht sogar zwei- oder dreimal, so verliert sie ein Übermaß an Äther. Der Zuschuß an Äther, der durch die Milz einfließt, ist ebenfalls vermindert infolge der Verdünnung des Lebensleibes. Dadurch wird es für solche Leute unmöglich, sich zwischen so oft wiederholten Erschöpfungszuständen zu erholen und infolgedessen leidet die Gesundheit des festen Körpers; sie verlieren fortgesetzt an Kraft und sind in Gefahr, chronische Leiden zu entwickeln.

„Wie oben, so unten und wie unten, so oben", sagt das hermetische Sprichwort, damit das große Gesetz der Analogie aussprechend, welches der Meisterschlüssel zu allen Mysterien ist. Wenn wir die zentrifugale Kraft der Reue dazu benutzen, um die bösen Handlungen, die wir im Laufe des Tages begingen, durch die abendliche Rückschauübung aus unserem Herzen auszutilgen, ist die Wirkung ähnlich der des Wassers, welches den ansteckenden giftigen Äther während des Bades aus unserem Lebensleib entfernt und dadurch Platz für den einfließenden gesundheitsfördernden Äther schafft. Nachdem wir unsere begangenen Fehler durch das Opferfeuer der Reue ausgebrannt haben, macht die giftige Substanz, die auf diese Weise ausgerottet wurde, dem einfließenden Begierdenstoff Platz, der moralisch gesünder ist und einen besseren Boden für edlere Taten bietet. Je mehr wir durch diese Reue geläutert werden, desto größer ist der geschaffene leere Raum und eine desto bessere Qualität des neuen Materials ziehen wir für unsere feineren Träger an.

Andererseits jedoch, wenn wir während jeder Stunde des Tages der Reue und dem Bedauern nachgeben, wie manche tun, übertreffen wir das Fegefeuer, denn obgleich die Zeit dort dazu angewandt wird, um das Böse auszurotten, wendet sich das Bewußtsein doch von jedem Bild ab, sobald es durch die Kraft der Abstoßung herausgezerrt worden ist. Infolge des Ineinandergreifens des Begierden- und des Lebensleibes sind wir jedoch hier befähigt, uns die Bilder nach Wunsch in die Erinnerung zurückzurufen. Während der Begierdenkörper im Fegfeuer durch die Reinigung des Lebenspanoramas langsam aufgelöst wird, wird, während wir hier in der physischen Welt leben, eine gewisse kleine Summe hinzugefügt, um den Platz des Ausgerotteten einzunehmen. Daraus ersehen wir, daß Reue und Bedauern, wenn ihnen fortgesetzt nachgegeben wird, dieselbe Wirkung auf den Begierdenleib haben wie übermäßiges Baden auf den Lebensleib. Beide Träger werden durch diese übertriebenen Reinigungen erschöpft, und aus diesem Grunde ist es ebenso gefährlich für die geistige Gesundheit und Moral, unüberlegt in Gefühlen der Reue und des Bedauerns zu schwelgen, als es für den physischen Körper verhängnisvoll ist, zuviel zu baden. In beiden Fällen sollte Einsicht herrschen.

Wenn wir unsere Rückschauübung ausfahren, sollten wir uns mit ganzer Seele den Gefühlen der Reue und des Bedauerns hingeben; wir sollten uns bemühen, Tränen des Feuers zu vergießen, damit sich diese in unser innerstes Sein einbrennen; wir sollten den Reinigungsprozeß so durchgreifend wie möglich machen, damit wir durch Gnade und Verzeihung bis zum Äußersten wachsen mögen. Aber wenn wir die Übung beendet haben, sollten wir dasselbe tun, was im Fegfeuer getan wird, – die Geschehnisse des Tages als abgeschlossen betrachten und alles über sie vergessen, ausgenommen, wenn sie Ersatz, Wiederherstellung, eine Entschuldigung oder irgendeine ähnliche Handlung verlangen, um die Forderung unseres Gewissens zu befriedigen. Nachdem wir dadurch unsere Schulden bezahlt haben, sollte unsere Einstellung die des unerschöpflichen Optimismus sein.

„Obgleich eure Sünden scharlachrot sind, sollen sie doch weiß wie Schnee werden." „Wenn Gott für uns ist, wer kann gegen uns sein?" Bei solcher Einstellung sterben wir täglich dem alten Leben ab und werden täglich neu geboren, um in dem neuen geistigen Leben zu wandern, denn unser Begierdenleib ist auf diese Weise erneuert und bereit, einem höheren Zweck im Leben zu dienen als am Tag zuvor.

Während wir Reue und Bedauern betrachtet haben, wie sie wegen ihrer Wirkung auf unsere feineren Träger für das Problem des Seelenwachstums angewandt werden, ist es vorteilhaft, die Wirkung der Reue, wenn sie in andere Bahnen gelenkt wird, zu erwähnen. Es gibt Leute, die leben mit der Reue wie mit einem guten Gefährten zusammen; sie nehmen sie nachts mit ins Bett und stehen am nächsten Morgen mit ihr auf; sie nehmen sie mit ins Büro, ins Geschäft oder in die Kirche, sie sitzen mit ihr zusammen bei den Mahlzeiten, sie pflegen sie wie ihren wertvollsten Besitz, und lieber würden sie das Leben selber aufgeben als ihre Reue um dies oder das. Wie ein Vampir die Äther des Lebensleibes seines Opfers aufsaugt und sich davon ernährt, so werden fortgesetzte Gedanken der Reue und des Bedauerns über gewisse Dinge zu einem Begierden-Elemental, das wie ein Vampir handelt, der armen Seele, die es geschaffen hat, alles Leben entzieht und durch die Kraft der Anziehung des Gleichen durch Gleiches die Fortdauer dieser krankhaften Gewohnheit der Reue begünstigt.

Wir helfen unseren Lieben, die aus diesem Leben geschieden sind, nicht durch unsere Reue, welche wir als Beweis unserer Treue hinzustellen belieben, sondern wir hindern sie. Sie haben die gegenwärtige Sphäre der Erfahrungen verlassen und gehen weiter zu anderen Ebenen, wo es andere Lektionen zu lernen gibt. Wir aber halten sie durch unsere Gedanken zurück, denn für eine Zeitlang nach ihrem Abscheiden fühlen sie uns noch intensiv und deshalb ist es unsere Pflicht ihnen gegenüber, Gedanken der Heiterkeit und Liebe zu pflegen, statt solcher der selbstsüchtigen Reue, welche beiden wehe tun, ihnen sowohl wie uns. Übermäßige Reue wirkt zerstörend auf alles geistige Wachstum, denn während die Gedanken-Elementale, die auf diese Weise geschaffen wurden, über uns wie Vampire hängen, können wir den rauhen Pfad nicht ersteigen.

Ekelhaft wie ein Geier, der sich von den schädlichen, verwesenden Leichnamen der Toten ernährt, ist die eitle, nichtige Reue, die von der krankhaften Immerwieder-Betrachtung der Vergangenheit und ihrer Fehler lebt. Es ist unsere Pflicht, sie aus unserer mentalen Gewohnheit auszutreiben, wie wir einen Geier aus unserer physischen Wohnung, wo er Unterkunft sucht, vertreiben würden.

Statt dessen laßt uns eine Einstellung des Optimismus allen Dingen gegenüber pflegen, denn letzten Endes arbeiten alle Dinge zusammen für das Gute - Gott ist am Steuer, in Wirklichkeit kann nichts verkehrt gehen; alles wird zum Besten werden, wenn die Zeit dafür reif ist.

Gebet - eine magische Anrufung

1. Kapitel
Die Beschaffenheit des Gebets und die Vorbereitung auf dasselbe

Das Thema des Gebetes ist wohl der Beachtung und des Studiums jener würdig, die nach Vergeistigung streben, und wir glauben, daß die folgenden Winke unseren Studenten bei ihren Bemühungen in dieser Richtung helfen können.

Es gibt nur eine Kraft im Weltall: die Kraft Gottes. Er, sandte sie hinaus als das „Wort". Er „sprach" nicht ein beliebiges „Wort", sondern wir meinen das schöpferische F i a t , durch dessen Schwingungen die Millionen von chaotischen Atomen zu den unendlich vielen Formen zusammengefügt wurden, die das Weltall erfüllen: vom Stern bis zur Mikrobe und wieder hinauf bis zum Menschen. Die „Silben und Töne" dieses Fiat ertönen nacheinander im Zeitenlauf. Durch sie werden neue Arten gebildet und die älteren entwickelt, genau nach dem Gedankenplan, den der göttliche Geist entwarf, ehe er die dynamische, schöpferische Energie in den Abgrund des Weltraums aussandte. Dies also ist die einzige Quelle aller Kraft und in ihr leben wir und bewegen wir uns wie der Fisch im Wasser. Es ist für uns ebenso unmöglich, daraus zu entfliehen, wie der Fisch seinem nassen Element, um auf dem Trockenen zu leben. Es war nicht nur eine dichterische Freiheit, als der Psalmist sagte: „Wo soll ich hingehen vor deinem Geist, und wo soll ich hinfliehen vor deinem Angesicht? Führe ich gen Himmel, so bist du da, bettete ich mich in der Hölle, siehe, so bist du auch da. Nähme ich Flügel der Morgenröte und bliebe am äußersten Meer, so würde mich doch deine Hand daselbst führen und deine Rechte mich halten." Gott ist Licht.

Auch mit dem größten Fernrohr, das doch viele Millionen Meilen ins Weltall reicht, können wir das Ende des Lichts nicht entdecken. Aber wir wissen: wenn wir nicht die Augen hätten, mit denen wir das Licht wahrnehmen, und Ohren, welche die Schwingungen der Töne unserem Gehirn vermitteln, so würden wir auf Erden in ewiger Dunkelheit und in ewigem Schweigen leben. Ähnlich verhält es sich mit dem göttlichen Licht, das allein unsere geistige Dunkelheit durchdringen und die Stimme des Schweigens hören kann: Wir müssen unsere geistigen Augen und Ohren ausbilden! Das wahre, wissenschaftliche Gebet ist eine der kräftigsten und wirksamsten Methoden, um von Gott erhört und zum geistigen Licht emporgehoben zu werden. Dieses Licht macht durch seine Alchemie aus dem Sünder einen Heiligen und umhüllt ihn mit dem goldenen Hochzeitsgewand, seinem leuchtenden Seelenkörper.

Vorbereitungen zum Gebet

Ora et labora - bete und arbeite. Täusche dich aber nicht: das Gebet allein wird dies nie vermögen. Wenn nicht dein ganzes Leben, wachend und schlafend, ein Gebet um Erleuchtung und Heiligung ist, so wird dein Gebet nie bis zum Throne Gottes dringen und die Segnung Seiner Kraft herniederbringen. Ora et labora, bete und arbeite, ist ein altes okkultes Gebot, nach dem alle Sucher sich richten müssen, denn sonst werden sie nur wenig Erfolg haben. Eine alte Erzählung von Franziskus von Assisi gibt uns hierüber eine Fülle von Licht. Sie gibt uns einen Ausschnitt aus dem Leben eines Mannes, der sich ganz Gott geweiht hatte. Eines Tages lud der Heilige einen Ordensbruder ein: „Komm, Bruder, laß uns in das Dorf hinuntergehen und den Leuten predigen." Der junge Bruder folgte dem Rufe, hocherfreut, mit dem heiligen Vater gehen zu dürfen, denn er wußte, wieviel ihm das in geistiger Hinsicht helfen würde. Und so gingen sie durch die Gassen des Dorfes. Tief versunken redeten sie über hochgeistige Dinge, die sie beide interessierten. Endlich lenkten sie ihre Schritte wieder heimwärts zum Kloster. Plötzlich erinnerte sich der junge Bruder, daß sie in ihrer tiefen Versunkenheit ganz den eigentlichen Zweck ihres Spaziergangs vergessen hatten. Schüchtern erinnerte er den heiligen Franziskus daran. Dieser jedoch erwiderte: „Sohn, als wir durch die Gassen gingen, horchten die Leute auf, sie hörten Teile unserer Unterhaltung und erkannten, daß wir uns über die Liebe Gottes, seines Sohnes und unseres Retters unterhielten. Sie vernahmen unsere Worte der Ermunterung, unsere Grüße an die Kranken, die uns am Wege trafen. Ja sogar unser Kleid zeigte ihnen unsere Religion und unser Leben an. So haben wir also jeden Augenblick, den wir durch das Dorf gegangen sind, gepredigt, viel besser, als wenn wir ihnen stundenlang auf dem Marktplatz etwas vorgepredigt hätten." Der hl. Franziskus hatte nur einen Gedanken: Gott, und Gutes in seinem Namen zu tun. Deshalb war er in voller Harmonie mit den göttlichen Schwingungen. Wir brauchen uns nicht zu wundern, daß er bei seinen Gebeten ein kraftvoller Magnet war, um das göttliche Leben und Licht anzuziehen, durchdrangen sie doch sein ganzes Wesen. Wir müssen die sog. säkulare Arbeit in der Welt tun. Aber unsere Taten kommen uns manchmal gewöhnlich vor; wir fühlen oft, daß sie uns hindern. Wenn wir aber zum Lobe Gottes unsere Pflicht tun und getreu in geringen Dingen sind, werden wir nach einer Weile entdecken, daß sich uns Gelegenheiten bieten, die wir uns nie hätten träumen lassen. Die Magnetnadel kann zwar durch einen

Druck von außen zeitweise vom Norden abgelenkt werden. Sie kehrt aber sofort in ihre alte Richtung zurück, sobald der Druck nachläßt. So müssen auch wir das Verlangen in uns stärken, sofort unsere Gedanken zu ihm zurückkehren zu lassen, sobald unsere Arbeit in der Welt getan ist und es uns freistellt, unseren Neigungen zu folgen. Wir müssen in uns ein Verlangen entwickeln, ähnlich wie Liebende es kennen, die sich nach längerer Zeit zum ersten Mal wiedersehen. Das ist eine unerläßliche Vorbereitung zum Gebet. Wenn wir so unserem Vater entgegeneilen, wird seine süße Stimme, das Licht seiner Gegenwart, uns lehren und aufmuntern, mehr als wir je zu hoffen wagten.

Der Ort des Beters

Der nächste Punkt, den wir zu beachten haben, ist der Ort, an dem wir beten. Das ist sehr wichtig, wenn auch die Schüler des Okkultismus im allgemeinen hiervon nichts wissen. Der Grund ist folgender: Jedes Gebet, ob gesprochen oder nicht, jeder Lobgesang und jede Lesung eines Bibelabschnittes bringt auf den Andächtigen und den Andachtsort eine Ausgießung des Geistes herab, wenn es von jemand vorgenommen wird, der das, was er liest, auch liebt und lebt. So wird nach und nach um das physische Bauwerk eine unsichtbare Kirche erbaut, die dort, wo sich eine andächtige Gemeinde versammelt, so prächtig wird, daß auch der größte Dichter sie nicht gebührend beschreiben könnte. Manson gibt uns in seinem Buch „Knecht in dem Haus" nur einen kleinen Schimmer von ihrem Aussehen, wenn er den alten Bischof erzählen läßt: „Ich fürchte, du kannst nicht glauben, daß es ein wirkliches Bauwerk ist. Man muß es richtig sehen und unter bestimmten Bedingungen. Mancher sieht es nie. Du mußt immer bedenken, daß es kein toter Haufen Steine und kein gefühlloses Holz ist, es ist ein lebendiges Ding. Wenn du eintrittst, hörst du einen Ton wie den Gesang eines mächtigen Liedes. Höre lange genug zu und du wirst erkennen, daß es das Schlagen vieler Menschenherzen ist, die namenlose Musik vieler Menschenseelen. Natürlich kannst du es nur vernehmen, wenn du Ohren hast, um zu hören. Wenn du Augen hast, so wirst du nach einiger Zeit die Kirche selbst sehen, ein ragendes Geheimnis mit vielen Gestalten und Schatten, die vom Fußboden bis zur Kuppel emporzuschwingen scheinen. Es ist nicht das Werk eines gewöhnlichen Baumeisters. Seine Säulen steigen hinan wie die braunen Leiber der Helden. Das Fleisch von Männern und Frauen bedeckt ihre Konstruktion, so daß sie stark und undurchdringlich ist. Die Gesichter kleiner Kinder lächeln uns aus jedem Eckstein entgegen. Die riesigen Bögen werden durch die verschränkten Hände von Freunden gebildet. Ganz oben sind die zahllosen Träumereien, welche die Menschen auf Erden gesponnen haben, aufgezeichnet. Noch baut man daran, noch baut es sich selbst. Manchmal schreitet das Werk in tiefster Dunkelheit fort, manchmal in blendendem Licht. Jetzt unter der Bürde von unsagbarem Schmerz, dann unter dem Schall großen Jubels und heldischer Rufe gleich Donnerhall. Nachts kann man manchmal das feine Hämmern jener Brüder im Dom hören, die bereits emporgestiegen sind."

Aber dieses unsichtbare Gebäude ist nicht nur lieblicher als der Feenpalast im Traum eines Dichters. Wie Manson uns erzählt, ist es ein Ding voller Leben, erfüllt mit der Kraft Gottes. Es hilft dem Andächtigen, die verworrenen Schwingungen der Welt, die seine Aura noch durchdringen, wenn er das wahre Haus Gottes betritt, wieder aufzulösen. Wenn er herzinnig betet, hilft ihm das, sich bis zum Thron der göttlichen Gnade emporzuheben und dort sein Lob und seine Anbetung darzubringen. Diese bringen als Antwort eines Ausgießung des Geistes: „Das ist mein lieber Sohn, an dem ich Wohlgefallen habe."

Ein solcher Ort ist zum Fortschritt durch wissenschaftliches Gebet nötig. Hat man das Glück, Zutritt zu einem solchen Ort zu finden, sollte man sich stets auf denselben Platz setzen, denn dieser wird nach einiger Zeit von unseren eigenen Schwingungen durchdrungen. Man fügt sich in diese Umgebung besser ein und erreicht beträchtlichere Ergebnisse. Es gibt jedoch nur wenige solcher Orte. Ein wirkliches Heiligtum wird hierfür benötigt. Weder Klatsch noch sonstige weltliche Unterhaltung dürfen hier laut werden, das würde die Schwingungen des Ortes stören; man muß seine Stimme dämpfen und eine ehrfurchtsvolle Haltung einnehmen. Jeder muß bedenken, daß er auf heiligem Boden steht und sollte sich entsprechend betragen. Daher kann ein solcher Ort des Gebetes nicht ohne weiteres der Öffentlichkeit zugänglich sein. Außerdem ist noch zu beachten, daß die Kraft des Gebets mit jedem neuen Andächtigen außerordentlich zunimmt. Wenn die Gemeinde in Harmonie miteinander verbunden und geübt ist, vereint zu beten, so kann man die Zunahme mit der geometrischen Progression vergleichen. Wenn das aber nicht der Fall ist, wird das Gegenteil erreicht. Vielleicht macht ein Beispiel den Grund hierfür deutlicher. Nehmen wir eine Anzahl Musiker, die niemals miteinander gespielt haben und womöglich im Gebrauch ihrer Instrumente nicht sehr bewandert sind; diese habe man zusammengebracht, um in einem Konzert zu spielen. Es braucht nicht viel Einbildungskraft, um einzusehen, daß bei ihren ersten Proben große Disharmonie entstehen würde. Wenn man einem Amateur erlauben würde, mit ihnen oder gar mit einem vollendeten Orchester zu spielen, auch wenn sein Wunsch noch so ernst und stark wäre, er würde unvermeidlich die Musik verderben. Ähnliche wissenschaftliche Bedingungen beherrschen das gemeinsame Beten. Es wird nur wirksam sein, wenn alle Teilnehmer, wie die Musiker in unserem Beispiel, vorbereitet sind. Ihre horoskopischen Einflüsse müssen zusammenstimmen. Wenn ein schädlicher Planet des einen Horoskops am aufsteigenden Zeichen des andern steht, können diese beiden aus dem gemeinsamen Beten keinen Nutzen ziehen. Wenn sie fortschrittliche Seelen sind, mögen sie ihre Sterne beherrschen und miteinander im Frieden leben, aber es fehlt ihnen die grundlegende Harmonie, die für das gemeinsame Beten unbedingt erforderlich ist. Nur die Einweihung, nichts anderes, beseitigt diese Schranke.

2. Kapitel
Die Flügel und die Kraft - Die Anrufung - Der Höhepunkt

Im ersten Kapitel wurde erklärt, daß aus gewissen geistigen Gründen das gemeinsame Beten nur unter besonderen Bedingungen ratsam ist. Es war die Kenntnis dieser Schwierigkeiten, welche Christus veranlaßte, seine Jünger zu warnen, ihr Gebet vor den Leuten zu verrichten, ihnen vielmehr zu raten, zum Beten in ihr Kämmerlein zu gehen. Nicht jeder von uns kann ein großes, schönes Gebäude für seine Andachten zur Verfügung haben, wir wünschen es auch nicht; zuviel Pomp und Schaustellung lenken unsere Herzen von Gott ab. Aber die meisten von uns können für die Andacht einen kleinen Teil eines Zimmers durch einen Vorhang oder einen Wandschirm abgrenzen oder sie können ein Kämmerlein (wörtlich) nehmen und es zu einem Heiligtum machen. Die Beschaffenheit der Wände ist ohne Bedeutung, das Wichtigste ist die Abgeschiedenheit und das unsichtbare Haus Gottes, das wir durch unsere Gebete bauen, und die göttliche Ausgießung, welche wir von unserem Vater als Antwort empfangen. Wenn wir wollen, können wir ein Bild von Christus und das Rosenkreuz an die Wand hängen, aber es ist nicht wesentlich. Einige sehr erfolgreiche Mystiker unserer Bekanntschaft bevorzugen das allsehende Auge, das ein Symbol des Vaters ist. Aber wir erinnern uns an die Worte Christi „Der Vater und ich sind eins". Nachdem wir kein verbürgtes Bild von Christus haben, ziehen wir es vor, zu nehmen, was wir haben; denn wir wissen, daß sich unsere Gedanken trotzdem nicht verirren. Christus ist der Herr unseres Zeitalters. Später wird natürlich der Vater uns in seine Obhut nehmen. Aber jetzt ist Christus der Vermittler für die Menschheit. Wir brauchen kaum zu sagen, daß der Raum oder die Wohnung des geistig erfolgreich Strebenden, gleichviel ob groß oder klein, von einer Atmosphäre der Frömmigkeit durchdrungen wird; denn alles Trachten, für das er nach der treuen Erfüllung seiner weltlichen Pflichten rechtmäßig noch Zeit erübrigen kann, gehört dem himmlischen Vater, und die als Gebetsraum abgeschiedene Ecke oder Räumlichkeit wird bald mit hohen geistigen Schwingungen erfüllt sein. Folglich sollte jeder Strebende, der beabsichtigt, die wissenschaftliche Methode des Gebets zu befolgen, sich zuerst einen dauernden Aufenthaltsort sichern. Wenn er von Ort zu Ort zieht, wird er jedesmal einen merklichen Verlust erleiden und jedesmal von neuem aufbauen müssen. Der unsichtbare Tempel, den er baute und zurückließ, löst sich allmählich auf, weil die Anbetung aufhörte.

Die Flügel und die Kraft

Es ist ein mystischer Grundsatz, daß jeder geistige Fortschritt mit dem Lebensleib anfängt. Dieser ist der zweitdichteste unserer Körper. Sein Schlüsselwort ist Wiederholung. Er ist der Träger unserer Gewohnheiten und deshalb auch schwer umzuändern und zu beeinflussen. Wenn jedoch eine Änderung durchgeführt worden ist, so wird sie sich bis zu einem gewissen Grade automatisch auswirken. Dieser Charakterzug mag in Bezug auf das Gebet gut oder schlecht wirken, der Eindruck auf den Äther dieses Trägers wird den Schüler zwingen, zu bestimmten Zeiten sein Gebet zu verrichten, auch wenn er kein Interesse mehr an der Übung haben sollte und sein Gebet mehr Formsache ist. Diese Macht der Gewohnheit, die der Lebensleib gibt, hindert den Strebenden, sofort aufzumerken, wenn die wahre Liebe hierzu aufhört und es würde leichter sein, wenn er es merkte, um das Versäumnis wieder nachzuholen und den rechten Pfad wieder zu finden. Deshalb sollte sich der Strebende von Zeit zu Zeit prüfen, um zu sehen, ob er noch „Flügel und Kraft" hat, sich schnell und leicht zu seinem Vater im Himmel emporzuschwingen. Wir haben zwei Flügel, sie heißen: Liebe und Streben, und die unwiderstehliche Kraft, die sie vorwärtstreibt, ist tiefer Ernst. Wenn man diese nicht hat und es nicht versteht, die Anrufung zu lenken, so ist ein Gebet nur Kindergeplapper. Wenn man es richtig ausführt, so ist es die stärkste Methode zum Seelenwachstum.

Die Stellung des Körpers

Beim Alleingebet kommt es nicht auf die Stellung des Körpers an. Jene Stellung ist die beste, bei der man sich am besten konzentrieren kann. Beim gemeinsamen Beten ist es die Gewohnheit der Mystiker, mit gebeugtem Kopf und mit ganz eigenartig verschlungenen Händen dazustehen. Dies ergibt einen magnetischen Strom, der sie gleich von Anfang der Übung an geistig verbindet. Wenn eine Brüderschaft nicht soweit vorgedrungen ist, so hilft es viel, wenn sie einen Choral in dieser Stellung singt, vorausgesetzt, daß alle daran teilnehmen.

Die Anrufung

Gebet ist ein Wort, das so mißbraucht worden ist, daß es nicht mehr die geistige Übung beschreibt, wovon wir hier reden. Wie wir schon gesagt haben: Wenn wir nach unserem Heiligtum gehen, so müssen wir dies mit derselben Eile tun wie einer, der auf dem Wege zu seiner Geliebten ist. Unser Geist muß unserem langsamen Körper vorauseilen und wir müssen alles andere außer den Gedanken der Anbetung vergessen, die uns auf unserem Wege erfüllen. Dies ist tatsächlich wahr. Das Gefühl, das beim Beten zum Erfolg führt, ähnelt keinem so sehr wie die gegenseitige Anziehungskraft zweier Liebender, nur ist das erstere noch heißer und intensiver. „Wie der Hirsch schreiet nach Wasser, so dürstet meine Seele nach dir", ist eine wahre Erfahrung dessen, der Gott wahrhaftig liebt. Wenn wir noch nicht soweit sind, können wir es durch Gebet erwerben und eines der besten Gebete, das immer auf unseren Lippen sein sollte, ist „O Herr, vertiefe meine Liebe zu dir, damit ich dir jeden Tag besser dienen kann." Oder „Mögen die Worte meines Mundes und die Betrachtungen meines Herzens dir angenehm sein, mein Herr, meine Kraft und mein Erlöser."

Wenn man um materielle Dinge betet, so begeht man schwarze Magie. Wir haben das Versprechen: „Trachtet am ersten nach dem Reiche Gottes und nach seiner Gerechtigkeit, so wird euch solches alles zufallen." Christus gab uns den äußersten Punkt an, bis zu dem wir gehen durften, als er seinen Jüngern im Vaterunser lehrte: „Unser täglich Brot gib uns heute." Es ist uns ganz gleich, ob für uns oder für andere, aber weiter dürfen wir bei unserer wissenschaftlichen Anrufung nicht gehen. Aber auch wenn wir um geistige Gaben bitten, sollten wir vorsichtig sein, damit kein Tropfen Selbstsucht in unseren Becher falle und so unser Seelenwachstum vergifte. Alle Heiligen wissen über Tage der Dunkelheit und der Niedergeschlagenheit zu berichten, wenn der göttliche Liebhaber sein Antlitz vor ihnen versteckte. Dann kommt es auf unsere Liebe und Stärke an: Lieben wir Gott seiner selbst willen oder wegen der Freuden, die wir in der süßen Vereinigung mit ihm haben? Wenn das letztere der Fall ist, so ist im Grunde genommen unsere Liebe genauso selbstsüchtig wie die der Menge, die ihm nachfolgte, weil er sie gespeist hatte. In solchen Fällen ist es dringend nötig, daß er sich von uns zurückzieht, ein Zeichen seiner tiefen Liebe, die uns auf unsere Knie niederzwingen sollte aus Scham und Bedauern. Es ist ein Glück für uns, wenn wir den Flecken in unserem Charakter wieder gutmachen und von der unveränderlichen Treue der Magnetnadel eine Lehre nehmen, die trotz Regen und Sturmwolken, die ihren geliebten Stern verdecken, genau nach ihrem Pole zeigt.

Wir haben gesagt, daß wir nicht um weltliche Dinge beten dürfen und daß wir sogar vorsichtig sein sollen, um geistige Dinge zu beten. Nun ist wohl die Frage angebracht: Warum sollen wir denn eigentlich beten? Und die Antwort ist: Preis und Anbetung. Wir müssen von der Idee abkommen, daß wir jedesmal, wenn wir unserem Vater nahetreten, ihn um etwas bitten sollen. Würde es uns nicht irritieren, wenn unsere Kinder uns immer um etwas bitten würden? Natürlich können wir uns unseren Vater nicht vorstellen, wie er über unsere fortwährenden Bitten böse wird, aber zur gleichen Zeit können wir auch nicht erwarten, daß er uns immer gibt, wenn es uns auch wehe tun würde. Wenn wir jedoch andererseits unserem Vater Danksagung und Preis geben, so arbeitet das Gesetz der Anziehung für uns, und wir mögen eine neue Ausgießung des Geistes, der Liebe und des Lichtes erhalten, die uns unserem geliebten Ideal näherbringt.

Der Höhepunkt

Es ist auch nicht nötig, daß unsere Anrufung, hörbar oder unhörbar, während der ganzen Dauer des Gebetes fortgesetzt wird. Wenn wir uns auf den Flügeln der Liebe und des Verlangens, getrieben durch die Stärke unseres Ernstes bis zum Throne unseres Vaters emporgeschwungen haben, dann kommt die Zeit einer stillen Vereinigung, die tiefer ergreift als ein anderes Stadium. Sie ist ähnlich der Zufriedenheit zweier Liebenden, die stundenlang in ungestörter Ruhe nebeneinander sitzen können, zu voller Liebe, um etwas zu sagen, ein Stadium, das bedeutend höher liegt, als wenn sie sich noch miteinander unterhalten müssen. Genauso ist es mit dem Höhepunkt, wenn die Seele bei Gott ruht, und alle Wünsche ruhen durch das Einssein, das Christus mit den Worten beschrieb: „Mein Vater und ich sind eins." Wenn man soweit gekommen ist, hat die Seele die höchste Freude geschöpft, und ganz gleich, wie trübe die Welt dann noch zu sein scheint oder welch schwerem Schicksal man die Stirne bieten muß, die Liebe Gottes, die weit über alles nur Erdenkbare hinausgeht, ist ein Allheilmittel für dies alles. Hier muß man aber hinzufügen, daß der Höhepunkt in seiner ganzen Fülle nur selten zu erreichen ist. Er setzt nicht nur die Intensität des Vorsatzes voraus, sich zum Vater emporzuschwingen, sondern es muß immer noch ein Rest vorhanden sein, sich dort zu halten, und gerade dies haben die meisten nicht immer. Es ist eine wohlbekannte Tatsache, daß uns nichts ohne Mühe zufällt. Was der eine getan hat, kann auch der andere tun, und wenn wir die Kraft der Anbetung nach den hier gelehrten wissenschaftlichen Grundsätzen lernen, so werden wir mit der Zeit zu Resultaten kommen, von denen wir uns heute wenig träumen lassen.

Möge unser Vater im Himmel unsere Anstrengungen segnen.

Praktische Methoden zur Erlangung des Erfolges

begründet auf die Erhaltung der schöpferischen Kraft

Es ist genauso unmöglich, wahren und dauernden Erfolg zu erreichen, wenn man nicht mit den Gesetzen des Lebens in Harmonie lebt, wie es für einen Verbrecher unmöglich ist, in der Gemeinschaft, deren Gesetze er bricht, in Frieden zu leben. Wie er schließlich für seine Übergriffe bestraft, behindert und eingekerkert wird, so straft, hindert und kerkert uns die Natur ein, wenn wir fortwährend ihre Gesetze übertreten. Diese Behinderung nennt man Krankheit und sie ist ein Feind des Glückes, denn einerlei wie reich jemand sein mag oder welch hohen Posten er in der Welt bekleidet, er kann niemals glücklich sein, wenn sein Körper krank ist. Somit sehen wir, daß eine der Hauptbedingungen für den Mann oder die Frau, die eine völlige Verwirklichung des Glückes und Erfolges im Leben wünschen, Gesundheit, einschließlich Kraft, ist, denn nur in dem Maße, wie wir mit übersprudelnder Gesundheit gesegnet sind, können wir hinreichend optimistisch, freudig und energisch sein, um solchen Erfolg zu erlangen, nach dem wir streben.

Die Bibel sagt uns, daß Tod und Krankheit durch das Essen vom „Baum der Erkenntnis" in die Welt gekommen sind. Obgleich dies vom materialistischen Standpunkt aus albern klingen mag, wollen wir diese Geschichte doch nicht von uns weisen, ohne sie ein wenig näher zu betrachten. Wir werden finden, daß sie vollständig im Einklang mit den wissenschaftlichen Tatsachen ist, wie sie heute in der Welt dargelegt werden. Laßt uns zuerst einmal den Sinn des „Baumes der Erkenntnis" betrachten, wie er in den folgenden Bemerkungen erläutert wird: „Adam erkannte sein Weib und sie gebar Abel"; „Adam erkannte sein Weib und sie gebar Seth"; und Marias Worte an den Engel: „Wie sollte ich empfangen, da ich doch keinen Mann erkenne?" Aus diesen und vielen ähnlichen Bemerkungen wird es uns klar, daß der „Baum der Erkenntnis" ein symbolischer Ausdruck für den Zeugungsakt ist. Daher ist die Menschheit, wie die Bibel sagt, in Sünde empfangen und deshalb dem Tode ausgeliefert, von dem es kein Entrinnen zu geben scheint.

Immerhin würde es gut sein, sich daran zu erinnern, daß die Evolution in der Natur eine Tatsache ist; daß der Mensch in seiner heutigen Beschaffenheit das Resultat einer langen Vergangenheit ist und daß sein gegenwärtiger Zustand auch noch nicht die endgültige Erreichung eines Zustandes der Vollkommenheit ist, sondern daß noch größere Höhen vor uns liegen. Wir sind in einem Stadium des ewigen Werdens; es gibt weder ein Halten noch ein Ruhen auf dem Pfade, welcher unbegrenzt ist wie das Alter des Geistes. Außerdem, was wir heute sind, ist das Resultat von dem, was wir gestern waren, und so hängt es auch davon, wie wir unsere Fähigkeiten heute benutzen, ab, was wir morgen sein werden. Deshalb laßt uns die Vergangenheit prüfen, damit wir dadurch, daß wir lernen, was wir waren, eine leise Ahnung davon bekommen, was wir sein sollen und werden.

Gemäß der Bibel war die Menschheit männlich-weiblich, ehe sie in zwei gesonderte Geschlechter, Mann und Weib, getrennt wurde. Noch heute leben Hermaphroditen unter uns, welche, wie wir meinen, anormal sind; doch sie beweisen die Bibelaussage. Und physiologisch ist das andere Geschlecht in allen von uns latent. Während der Periode, als der Mensch derart beschaffen war, mußte die Befruchtung in ihm selbst stattgefunden haben, und dies ist nichts Besonderes, denn wir haben heute noch viele Pflanzen, die derartig befruchtet werden.

Nun wollen wir sehen, was in früheren Tagen gemäß der Bibel die Wirkung solcher Selbstbefruchtung war. Zwei Hauptfaktoren ragen da besonders hervor: Einer ist, daß in jenen Tagen Riesen auf Erden wandelten; der andere, daß die Patriarchen Hunderte von Jahren lebten; und diese beiden Charakteristiken, großes körperliches Wachstum und Langlebigkeit, finden wir noch heute bei vielen Pflanzen. Die kolossale Größe von manchen Bäumen und ihre Lebensspanne sind wunderbar; sie leben Jahrhunderte, während der Mensch nur einige Jahrzehnte alt wird. Dadurch ergibt sich die Frage: Was ist der Grund für die Kürze des menschlichen Lebens und welches das Mittel zur Überwindung? Laßt uns zuerst die Frage nach dem Grund betrachten, dann wird sich das Mittel zur Überwindung von selbst zeigen.

Den Gartenkünstlern ist es wohlbekannt, daß die Pflanzen in ihrem Wachstum verkümmern, wenn sie zu reich blühen. Eine Rose kann derartig blühen, daß sie abstirbt; deshalb beschneidet der weise Gärtner die Knospen der Pflanze, damit die Kraft teilweise zum Wachsen statt zum Blühen verwendet wird. Da sie den Samen in sich behält, erreicht sie die Kraft zum Wachstum und zur Langlebigkeit. Das war das Geheimnis der körperlichen Größe und des langen Lebens jener früheren Rassen, wie es das Geheimnis der Größe und Langlebigkeit der Pflanzen noch heute ist.

Daß die schöpferische Kraft in den Samen eine geistige Substanz ist, ist bewiesen, wenn wir die Furchtlosigkeit und Ungeduld des Bullen oder Zuchthengstes, denen Beschränkung auferlegt wird, mit der Lenksamkeit des Ochsen oder des Wallachs vergleichen. Ferner wissen wir, daß der ausgesprochene Wüstling und der Degenerierte unfruchtbar werden und abzehren.

Wenn diese Tatsachen tief in unser Bewußtsein eingedrungen sind, ist es nicht schwierig, die Wahrheit der Bibelauslegung zu erfassen, daß die Frucht des Fleisches, welche uns dem Gesetz der Sünde und des Todes unterstellt, hauptsächlich der unmäßige Geschlechtsverkehr ist, wohingegen die Früchte des Geistes die Unsterblichkeit fördern, wie in demselben Buch gezeigt wird, und diese sind hauptsächlich Enthaltsamkeit und Keuschheit.

Betrachten wir einmal das Kind und wie die schöpferische Kraft, die *in ihm und für es selbst* gebraucht wird, enormes Wachstum während der ersten Lebensjahre verursacht, jedoch in der Zeit der Reife, der Geburt der Leidenschaft, wird das Wachstum gehemmt. Die Lebenskraft schafft nun Samen, um irgendwo anders Wachstum und Ausdruck zu finden, und dadurch wird das körperliche Wachstum behindert. Wenn wir während des ganzen Lebens so weiterwachsen würden wie in der Kindheit, würden wir zu Riesen werden wie jene göttlichen Hermaphroditen von dazumal.

Die geistige Kraft, die vom Zeitpunkt der Pubertät und während des ganzen Lebens erzeugt wird, kann für drei Zwecke verwendet werden, und zwar *zur Zeugung, zur Degeneration* und *zur Regeneration*. Es liegt ganz an uns selbst, welche dieser drei Methoden wir wählen. Aber die Wahl, die wir treffen, wird während unseres ganzen Lebens einen sehr wichtigen Einfluß haben, denn der Gebrauch dieser Kraft ist in ihrer Auswirkung nicht an die Zeit oder den Fall, wo sie gerade angewandt wurde, beschränkt. *Sie überschattet jeden einzelnen Augenblick unseres Daseins*, sie bestimmt unsere Haltung in jeder einzelnen Phase des Lebens unter unseren Mitmenschen: wie wir den verschiedenen Prüfungen des Lebens entgegentreten; ob wir fähig sind, unsere Gelegenheiten zu ergreifen oder ob wir sie vorüberschlüpfen lassen; ob wir gesund sind oder krank; ob wir unser Leben für einen befriedigenden Zweck verwenden; alles hängt davon ab, wie wir unsere Lebenskraft anwenden. Das ist der wahre Quell allen Daseins, das Elixier des Lebens.

Jener Teil der schöpferischen Kraft, der rechtmäßig auf dem Altar der Vater- und Mutterschaft geopfert wird, ist so klein, daß wir ihn in den gegenwärtigen Betrachtungen übergehen können. Weder vom physischen noch vom geistigen Standpunkt gesehen ist ein Grund vorhanden, weshalb einige religiöse Orden auf dem Zölibat bestehen, und dies ist auch nicht im Einklang mit der Bibel. Die bloße Unterdrückung der geschlechtlichen Anziehung ist keine Tugend; tatsächlich kann das ein ernstlicher Fehler sein und es steht außer Frage, daß viele Millionen, die wegen der gesellschaftlichen Ordnung daran gehindert werden, natürliche Befriedigung zu suchen, deshalb in die unaussprechlichsten Laster verfallen. Wenn sie sich auch vom geschlechtlichen Umgang fernhalten, sind ihre Gedanken doch von solcher Art, daß sie sich zu „übertünchten Gräbern" machen, inwendig fürchterlich, obgleich sie äußerlich weiß und rein erscheinen. Paulus selbst, der aber nicht in der erwähnten Verfassung war, sagte: „Es ist besser, zu heiraten als zu brennen." Der natürliche Ausdruck ist bei weitem dem vorhererwähnten inneren Zustand vorzuziehen.

Während es nur wenige gibt, die den Mißbrauch der schöpferischen Betätigung verteidigen, gibt es doch viele Menschen, die zwar in anderen Dingen den geistigen Vorschriften folgen, aber noch das Gefühl haben, daß häufige Befriedigung der Begierden ihnen keinen Schaden tun kann; einige sind sogar der Meinung, daß dies genauso notwendig sei wie jede andere organische Betätigung. Das ist falsch, und zwar aus zwei Gründen: Erstens erfordert jeder einzelne geschlechtliche Akt ein gewisses Quantum Kraft, was Gewebe verzehrt, welches wieder durch vermehrte Nahrungsaufnahme ersetzt werden muß. Dies stärkt und vermehrt den chemischen Äther. Zweitens wird, da die schöpferische Kraft durch den Lebensäther wirkt, durch jedes Nachgeben der Lebensleib ebenfalls gestärkt und vergrößert. Wir stärken die beiden niederen Äther des Lebensleibes, weil wir die schöpferische Kraft zur Befriedigung unserer Begierden nach unten lenken. Dadurch wird mit der Zeit ihr ineinanderfassender Griff auf die beiden höheren Äther, die den Seelenkörper bilden, immer fester und mächtiger. Da die Entwicklung unserer Seelenkraft und die Fähigkeit, in unseren feineren Trägern zu wirken, von der Spaltung zwischen den beiden niederen Äthern und dem Seelenkörper abhängt, ist es klar, daß das Ziel, das wir erstreben, vereitelt und die Entwicklung durch Hingabe an unsere niedere Natur aufgehalten wird.

Wenn wir uns noch einmal dem Garten zuwenden, können wir an der Qualität der verschiedenen samenlosen Früchte eine treffende Illustration dessen beobachten, was sich aus der Befolgung von des Apostels Rat ergibt, „den Samen in uns zubehalten". Alle samenlosen Früchte sind größer und schmackhafter als jene mit Samen, weil Lebenskraft nur zu dem einen Zweck, die Frucht köstlich und saftig zu machen, verwandt wurde. Ähnlich stärken wir, wenn wir keusch leben und unsere schöpferische Kraft zur Regeneration aufwärtslenken, statt daß wir unsere Kraft vergeuden, nicht nur unseren Seelenkörper, sondern verfeinern auch unseren physischen Körper. Auf diese Weise können wir unser Leben verlängern und damit unsere Gelegenheiten zum Seelenwachstum vermehren. Unser Fortschritt auf dem Pfad wird bedeutend sein.

Wenn wir erkennen, daß Erfolg nicht in der Anhäufung von materiellen Gütern, sondern im Seelenwachstum besteht, so wird es klar, daß die Enthaltsamkeit ein wichtiger Faktor zur Erreichung des Erfolges im Leben ist.